. P. Datterer & Cie. (Inh. Arthur Sellier) München u. Freising.

Ge[...]

über das L[...]

vom 11. [...]

nebst Staatsvertrag zwi[...]
und Baden einerseits u[...]
Regelung der [...]

[...]

Dr. Fried[...]
Rechtsan[...]

Mün[...]
J. Schweitzer [...]

Druck von Dr. [...]

Vorwort.

Das bayerische Lotteriegesetz ist in den wesentlichen Bestimmungen den preußischen Gesetzen vom 29. August 1904 betreffend das Spiel in außerpreußischen Lotterien und vom 19. Juli 1911 betreffend die Losgesellschaften, die Veräußerung von Inhaberpapieren mit Prämien und den Handel mit Lotterielosen nachgebildet. Diese beiden Gesetze und ihre Vorgänger vom 18. August 1891 und vom 19. April 1894 sind die Grundlagen für die Lotteriegesetzgebung sämtlicher deutscher Lotterievertragsstaaten, mithin fast des ganzen Deutschen Reichs.

Um diese Ausgabe auch außerhalb Bayerns verwendbar zu gestalten, sind bei den einzelnen Artikeln die korrespondierenden Bestimmungen der Lotteriegesetze der außerbayerischen Vertragsstaaten zitiert. Die Übereinstimmung ist oft eine wörtliche. Abweichungen sind häufig redaktioneller Art, nicht selten aber sachlicher Natur. Immerhin herrscht durchweg grundsätzliche Übereinstimmung und Gleichheit der Grundbegriffe.

München, den 14. November 1912.

Goldschmit.

Meiner Frau!

Inhaltsverzeichnis.

Abkürzungen und Literatur.

Die Abkürzungen entsprechen den Vorschlägen des Deutschen Juristentags, zweite Ausgabe, Berlin 1910.

AbG. = Reichsgesetz betr. die Abzahlungsgeschäfte v. 16. Mai 1894.

AGGVG. = Ausführungsgesetz zum Gerichtsverfassungsgesetz v. 23. Februar 1879 / 1. Januar 1900.

AGStPO. = Ausführungsgesetz zur Strafprozeßordnung v. 18. August 1879.

Anl. = Anlage.

AV. = Allerhöchste Verordnung.

BayObLG. = Sammlung von Entscheidungen des Bayerischen Obersten Landesgerichts in Strafsachen.

BayZfR. = Zeitschrift für Rechtspflege in Bayern.

Begr. = Begründung zum Entwurf eines Gesetzes über das Lotteriespiel. Drucksachen der bayerischen Kammer der Abgeordneten. Beilage 37. 36. Landtagsversammlung 1. Session 1912.

Begr. preuß. = Begründung zum Entwurf des preußischen Gesetzes v. 19. Juli 1911 betr. die Losgesellschaften, die Veräußerung von Inhaberpapieren mit Prämien und den Handel mit Lotterielosen.

BGB. = Bürgerliches Gesetzbuch.

Brückemann = Die Ungültigkeit des preußischen Gesetzes betreffend das Spiel in außerpreußischen Lotterien in ZStW. 19. Band (1899).

Daube = Das Strafgesetzbuch für das Deutsche Reich. Mit den Entscheidungen des Reichsgerichts. Herausgegeben von Dr. Paul Daube. 11. Auflage. Berlin 1910.

DdStSchV. = Direktion der K. Bayerischen Staatsschuldenverwaltung.

Delius = Das preußische Gesetz betreffend das Spiel in außerpreußischen Lotterien v. 29. Juli 1885 und die zivilrechtlichen Wirkungen desselben. Berlin 1889.
DJZ. = Deutsche Juristenzeitung.
Eichhorn = Gesetz v. 29. August 1904 betr. das Spiel in außerpreußischen Lotterien. Erläutert von G. Eichhorn in: Kommentare zu den strafrechtlichen Nebengesetzen. 2. Band. Die preußischen Strafgesetze. Erläutert von A. Groschuff, G. Eichhorn und H. Delius. 2. Auflage. Berlin 1904.
Endemann = Beiträge zur Geschichte der Lotterie und zum heutigen Lotterierechte. Bonn 1882.
Frank = Das Strafgesetzbuch für das Deutsche Reich. Herausgegeben und erläutert von Dr. Reinhard Frank. 8. bis 10. Auflage. Tübingen 1912.
GA. = Geschäftsanweisung für die Bayerischen Einnehmer der Preußisch-Süddeutschen Klassenlotterie v. 11. November 1912. München 1912.
GLD. = K. Preußische General-Lotterie-Kasse.
GewO. = Gewerbeordnung.
GoltdArch. = Goltdammers Archiv für Strafrecht.
Groschuff = Gesetz v. 29. Juli 1885 betr. das Spiel in außerpreußischen Lotterien, Gesetz v. 18. August 1891 betr. das Verbot des Privathandels mit Staatslotterielosen und Gesetz vom 19. April 1894 betr. den Handel mit Anteilen und Abschnitten von Losen zu Privatlotterien und Ausspielungen. Erläutert von Groschuff in Kommentare (s. oben unter Eichhorn).
GVBl. = Gesetz- und Verordnungsblatt.
Häußner = Lotterie und Ausspielung im heutigen Strafrecht. Von Karl Häußner. Heidelberg 1906.
JW. = Juristische Wochenschrift.
KGJ. = Jahrbuch für Entscheidungen des Kammergerichts.
Landmann = Kommentar zur Gewerbeordnung für das Deutsche Reich. Von Robert v. Landmann. 6. Auflage. München 1911.
LottG. = Gesetz über das Lotteriespiel v. 11. Oktober 1912.
Liszt = Lehrbuch des deutschen Strafrechts. Von Dr. Franz v. Liszt. 16. und 17. Auflage. Berlin 1908.

Matthiessen = In welchem Umfange sind die Vorschriften im allgemeinen Teile des Strafgesetzbuchs für die Landesgesetze bindend? Von Hans Matthiessen. Kiel 1894.

MB. = Ministerialbekanntmachung.

Oertmann = Kommentar zum BGB. Recht der Schuldverhältnisse. 3. und 4. Auflage. Berlin 1910.

Olshausen = Kommentar zum Strafgesetzbuch. Von Dr. Justus Olshausen. 9. Auflage. Berlin 1912.

Oppenhoff = Rechtsprechung des Obertribunals. Herausgegeben von F. Oppenhoff.

Planck = BGB. Erläutert von G. Planck u. a. 3. Aufl. Berlin 1904 ff.

PreßG. = Reichspreßgesetz v. 7. Mai 1874.

PStGB. = Polizeistrafgesetzbuch für das Königreich Bayern v. 26. Dezember 1861.

R. Rechtsprechung des Reichsgerichts in Strafsachen.

Recht = Das Recht.

RegBl. = Regierungsblatt.

RGRKomm. = Das BGB. Erläutert von den Reichsgerichtsräten Georg Hoffmann u. a. Nürnberg 1910.

RGSt. = Entscheidungen des Reichsgerichts in Strafsachen.

RGZS. = Entscheidungen des Reichsgerichts in Zivilsachen.

Rheinstrom = Preußisch-Süddeutsche Klassenlotterie von Dr. Heinrich Rheinstrom. München und Berlin 1912.

Rönnberg I = Das Reichs- und Landes-Lotterie- und sonstige Glückspielstrafrecht im Gebiete der preußischen Lotteriegemeinschaft. Von Dr. Wilhelm Rönnberg. Rostock 1907.

Rönnberg II = Das preußische Loshandelsgesetz vom 19. Juli 1911. Erläutert von Dr. Wilhelm Rönnberg. Wismar 1911.

Schiedermair = Der strafrechtliche Inhalt des bayer. Gesetzes v. 11. Oktober 1912 über das Lotteriespiel von J. Schiedermair in BayZfR. 1912, 429 ff.

Schiedermair NebenG. = Die strafrechtlichen Nebengesetze Bayerns. Erläutert von J. Schiedermair. München und Berlin 1912.

Schwarze-Appelius = Das Reichspreßgesetz. Erläutert von Dr. O. F. v. Schwarze und Dr. H. Appelius, 4. Auflage. Nürnberg und Leipzig 1902.
Sörgel = Jahrbuch des Strafrechtes und Strafprozesses. Herausgegeben von Dr. Sörgel und Krause.
StaatsVt. = Staatsvertrag.
Staudinger = Staudingers Kommentar zum BGB. Von Dr. Th. Löwenfeld u. a. 7. und 8. Auflage. München und Berlin 1912.
Stier-Somlo = Reichsvereinsgesetz vom 19. April 1908. Systematischer Kommentar von Dr. Stier-Somlo. Stuttgart und Leipzig 1909.
Sutner = Dr. v. Riedels Kommentar zum Polizeistrafgesetzbuch für das Königreich Bayern v. 26. Dezember 1871. 7. Auflage. Von C. A. v. Sutner. München 1907.
UnlWG. = Reichsgesetz gegen den unlauteren Wettbewerb v. 7. Juni 1909.
VerG. = Reichsvereinsgesetz v. 19. April 1908.
Vorbem. = Vorbemerkung.
ZStW. = Zeitschrift für die gesamte Strafrechtswissenschaft.

Abkürzungen der Lotteriegesetze der außerbayerischen Vertragsstaaten.

Anhalt = Lotteriegesetz v. 13. März 1906.
Baden = Lotteriegesetz v. 26. April 1912.
Braunschweig = Gesetz v. 31. Juli 1906 betr. das Spiel in außerbraunschweigischen Lotterien.
Braunschweig II = Gesetz v. 24. April 1908 betr. das Verbot von Prämien- und Serienlosgesellschaften und den Handel mit Staatslotterie- und Privatlotterielosen.

Bremen = Gesetz v. 27. Mai 1909 betr. die Lotterien und Ausspielungen.

Elsaß-Lothringen = Lotteriegesetz v. 25. April 1910.

Hessen = Gesetz v. 14. Februar 1906, das Spiel in außerhessischen Lotterien betr.

Hessen II = Gesetz v. 11. April 1896, den Handel mit Anteilen und Abschnitten von Losen zu Lotterien und Ausspielungen betr.

Lippe = Lotteriegesetz v. 7. März 1906.

Lübeck = Gesetz v. 3. Mai 1905 betr. das Spiel in außerpreußischen Lotterien.

Lübeck II = Gesetz v. 1. August 1906 betr. die Bestrafung der gewerbsmäßigen Bildung und Leitung von sogen. Serien- und Prämienlosgesellschaften.

Mecklenburg-Schwerin = Verordnung v. 1. März 1905 betr. das Spiel in auswärtigen Lotterien.

Mecklenburg-Schwerin II = Verordnung v. 27. Dezember 1910 betr., die Bekämpfung der Mißstände beim Vertriebe von Inhaberpapieren mit Prämien.

Mecklenburg-Strelitz = Verordnung v. 12. April 1905 betr. das Spielen in auswärtigen Lotterien.

Mecklenburg-Strelitz II = Mecklenburg-Schwerin II.

Oldenburg = Gesetz v. 12. Mai 1906 betr. die öffentlichen Lotterien und Ausspielungen.

Oldenburg II = Gesetz v. 22. Dezember 1907 betr. die Bestrafung der gewerbsmäßigen Bildung und Leitung von sogen. Serien- und Prämienlosgesellschaften.

Preußen = Gesetz v. 29. August 1904 betr. das Spiel in außerpreußischen Lotterien.

Preußen II = Gesetz v. 19. Juli 1911 betr. die Losgesellschaften, die Veräußerung von Inhaberpapieren mit Prämien und den Handel mit Lotterielosen.

Reuß ä. L. = Gesetz v. 18. Februar 1906 betr. die öffentlichen Lotterien.

Reuß j. L. = Gesetz v. 30. Januar 1906 betr. die Bestrafung des Spiels in außerhalb des Fürstentums veranstalteten Lotterien.

Sachsen-Altenburg = Gesetz v. 8. Januar 1906 betreffend die öffentlichen Lotterien und Ausspielungen.

Sachsen-Koburg und Gotha = Lotteriegesetz v. 29. November 1905.

Sachsen-Meiningen = Gesetz vom 2. November 1905 betreffend Lotterien.

Sachsen-Weimar = Gesetz v. 17. Januar 1906 über öffentliche Lotterien und Ausspielungen.

Schaumburg-Lippe = Lotteriegesetz v. 12. März 1906.

Schwarzburg-Rudolstadt = Gesetz v. 4. Januar 1906 betr. das Spielen in auswärtigen Lotterien.

Schwarzburg-Sondershausen = Lotteriegesetz v. 14. Februar 1906.

Württemberg = Lotteriegesetz v. 18. August 1911.

I. Der Text des Gesetzes.

Gesetz über das Lotteriespiel

vom 11. Oktober 1912.

(GVBl. S. 983.)

Im Namen Seiner Majestät des Königs.

Luitpold,

von Gottes Gnaden Königlicher Prinz von Bayern, Regent.

Wir haben nach Vernehmung des Staatsrats mit Beirat und Zustimmung der Kammer der Reichsräte und der Kammer der Abgeordneten beschlossen und verordnen, was folgt:

Art. 1. Wer in einer Lotterie spielt, die in Bayern nicht zugelassen ist, wird mit Geldstrafe bis zu sechshundert Mark bestraft. Kann die Geldstrafe nicht beigetrieben werden, so tritt Haftstrafe an ihre Stelle.

Art. 2. Wer sich dem Verkauf oder der sonstigen Veräußerung eines Loses oder Losabschnitts einer in Bayern nicht zugelassenen Lotterie oder eines Anteils an einem solchen Lose oder Losabschnitt oder eines Bezugsscheins auf ein solches Los oder einen solchen Losabschnitt unterzieht, insbesondere wer ein Los, einen Abschnitt, einen Anteil oder einen Bezugsschein dieser Art znm Erwerb anbietet oder zur Veräußerung bereit hält, wird mit Geldstrafe bis zu eintausend Mark bestraft. Die gleiche Strafe trifft denjenigen, welcher als Mittelsperson mitwirkt.

Handelt der Täter gewerbsmäßig mit Losen oder leistet er dabei gewerbsmäßig Hilfe, so wird er mit Geldstrafe von einhundert bis zu eintausendfünfhundert Mark bestraft. Die gleiche Strafe tritt ein, wenn das Vergehen nach Absatz 1 dadurch begangen wird, daß ein Los, ein Losabschnitt, ein Anteilschein, ein Bezugsschein, ein Angebot, eine Anzeige oder ein Lotterieplan öffentlich ausgelegt, ausgestellt, ausgehängt, versendet oder ein Angebot, eine Anzeige oder ein Lotterieplan in eine in Bayern erscheinende Zeitung eingerückt oder sonstwie zur allgemeinen Kenntnis gebracht wird.

Art. 3. Wer nach einer rechtskräftigen Verurteilung wegen Vergehens gegen Artikel 2 abermals dieser Vorschrift zuwiderhandelt, wird in den Fällen des Absatzes 1 mit Geldstrafe von einhundert bis zu eintausendfünfhundert Mark, in den Fällen des Absatzes 2 mit Geldstrafe von zweihundert bis zu dreitausend Mark bestraft.

Art. 4. Die Vorschriften des Artikel 3 finden Anwendung, auch wenn die frühere Geldstrafe noch nicht oder nur teilweise gezahlt oder ganz oder teilweise erlassen ist; sie bleiben jedoch ausgeschlossen, wenn seit der Zahlung oder dem Erlasse der früheren Geldstrafe oder seit der Verbüßung der an ihre Stelle getretenen Freiheitsstrafe oder seit der Verjährung der Strafvollstreckung bis zur Begehung der neuen Tat drei Jahre verflossen sind.

Art. 5. Wer Gewinnergebnisse der in Bayern nicht zugelassenen Lotterien öffentlich oder durch Mitteilungen, die für einen größeren Kreis von Personen bestimmt sind, bekannt gibt, insbesondere wer sie in einer in Bayern erscheinenden Zeitung veröffentlicht oder sie öffentlich auslegt, ausstellt oder aushängt, wird mit Geldstrafe bis zu fünfzig Mark bestraft.

Gehört der Täter oder Teilnehmer zu den in Artikel 2 Abs. 2 bezeichneten Personen, so tritt Geldstrafe von einhundert bis zu sechshundert Mark ein.

Art. 6. Die Artikel 1 bis 5 finden auch auf Ausspielungen Anwendung, die außerhalb Bayerns öffentlich veranstaltet werden.

Art. 7. Mit Geldstrafe von einhundert bis zu eintausendfünfhundert Mark wird bestraft:

1. wer ohne staatliche Ermächtigung gewerbsmäßig Lose oder Losabschnitte der Preußisch-Süddeutschen Klassenlotterie oder Urkunden, durch welche Anteile an solchen Losen oder Losabschnitten zum Eigentum oder zum Gewinnbezug übertragen werden, feilhält, anderen überläßt oder zur Überlassung anbietet,
2. wer gewerbsmäßig geringere als die genehmigten Anteile oder Abschnitte von Losen einer Privatlotterie oder einer außerhalb Bayerns öffentlich veranstalteten Ausspielung oder Urkunden, durch die solche Anteile oder Abschnitte zum Eigentum oder zum Gewinnbezug übertragen werden, feilhält, anderen überläßt oder zur Überlassung anbietet,
3. wer ein solches Geschäft (Nr. 1 oder 2) als Mittelsperson fördert.

Art. 8. Wer bei dem öffentlichen Ankündigen, Anpreisen, Feilbieten oder Vertreiben von Losen oder Losabschnitten einer Lotterie oder einer außerhalb Bayerns öffentlich veranstalteten Ausspielung den bei der Zulassung der Lotterie oder der Ausspielung festgesetzten, ihm behördlich bekanntgegebenen oder aus dem Lose ersichtlichen Vertriebsbedingungen zuwiderhandelt, wird mit Geldstrafe bis zu einhundertfünfzig Mark bestraft.

Art. 9. Wer Promessen auf Prämien eines inländischen oder ausländischen Lotterieanlehens ausbietet oder zur Teilnahme an einer solchen Unternehmung einladet, wird mit Geldstrafe bis zu einhundertfünfzig Mark oder mit Haft bis zu sechs Wochen bestraft.

Art. 10. Wer gewerbsmäßig in der Absicht, andere auszubeuten, zur Beteiligung an Losgesellschaften auffordert oder sich mit deren Bildung oder Geschäftsführung befaßt, oder wer gewerbsmäßig solche Losgesellschaften oder deren Bildung in anderer Weise wissentlich fördert, wird mit Gefängnis bis zu drei Monaten und zugleich mit Geldstrafe von einhundert bis zu dreitausend Mark oder mit einer dieser Strafen bestraft.

Losgesellschaften im Sinne dieses Gesetzes sind Vereinigungen jeder Art, welche die Gewinnaussichten von Serien- oder Prämienlosen oder von Lotterie- oder Ausspielungslosen ausnutzen wollen.

Art. 11. Die gleiche Strafe trifft denjenigen, welcher gewerbsmäßig in der Absicht, andere auszubeuten,

a) Anteile von Serien- oder Prämienlosen oder Urkunden, durch die solche Anteile zum Eigentum oder zum Gewinnbezug übertragen werden, feilhält, anderen überläßt oder zur Überlassung anbietet,

b) öffentlich oder in Mitteilungen, die für einen größeren Kreis von Personen bestimmt sind, insbesondere in einer in Bayern erscheinenden Zeitung oder in öffentlich ausgelegten, ausgestellten oder ausgehängten Ankündigungen unter dem Versprechen der Stundung des Preises oder der Beleihung der Papiere sich erbietet, Serien- oder Prämienlose anderen zu überlassen.

Die gleiche Strafe trifft auch denjenigen, welcher gewerbsmäßig solche Geschäfte wissentlich fördert.

Art. 12. Wer nach einer rechtskräftigen Verurteilung wegen Vergehens gegen Artikel 10 oder 11 abermals einer dieser Vorschriften zuwiderhandelt, wird mit Gefängnis von einer Woche bis zu sechs Monaten und zugleich mit Geldstrafe von dreihundert bis zu sechstausend Mark oder mit einer dieser Strafen bestraft.

Art. 13. Die Vorschrift des Artikel 12 findet Anwendung, auch wenn die frühere Strafe noch nicht oder nur teilweise vollstreckt oder gezahlt oder ganz oder teilweise erlassen ist; sie bleibt jedoch ausgeschlossen, wenn seit der Vollstreckung oder der Zahlung oder dem Erlasse der früheren Strafe oder seit der Verjährung der Strafvollstreckung bis zur Begehung der neuen Tat drei Jahre verflossen sind.

Art. 14. Wer Gewinne für bevorstehende Ziehungen von Serien- oder Prämienlosen ohne Angabe der Zahl der an den Ziehungen teilnehmenden Stücke öffentlich oder durch Mitteilungen, die für einen größeren Kreis von Personen bestimmt sind, insbesondere durch Einrücken in eine in Bayern erscheinende Zeitung oder durch öffentliches Auslegen, Ausstellen oder Aushängen bekannt gibt, um zur Ausnutzung der Gewinnaussichten anzureizen, wird mit Geldstrafe bis zu einhundertfünfzig Mark bestraft.

Art. 15. Jede einzelne Verfehlung gegen die Vorschriften dieses Gesetzes mit Ausnahme der Vorschriften in den Artikeln 1, 5 und 9, insbesondere jede einzelne Verkaufs-, Überlassungs- oder Vertriebshandlung, jedes einzelne Anbieten, Bereithalten, Auslegen, Ausstellen, Aushängen, Versenden eines Loses, eines Losabschnitts, eines Bezugsscheins, eines Anteilscheins, eines Angebots, einer Anzeige oder eines Lotterieplans, jedes einzelne Auffordern zur Beteiligung an Losgesellschaften, jedes einzelne Veröffentlichen und Bekanntgeben von Gewinnen wird als selbständige strafbare Handlung geahndet, auch wenn die einzelnen Handlungen zusammenhängen und auf einen einheitlichen Vorsatz des Täters oder Teilnehmers zurückzuführen sind.

Mehrere hiernach verwirkte Gefängnis- und Geldstrafen sind je für sich auf eine Gesamtstrafe zurückzuführen, die in einer Erhöhung der verwirkten schwersten Strafe besteht.

Das Maß der Gesamtstrafe darf den Betrag der verwirkten Einzelstrafen nicht erreichen, auch sechs

Monate Gefängnis und zehntausend Mark Geldstrafe nicht übersteigen.

Diese Vorschriften finden auch Anwendung, wenn vor der Vollstreckung, Zahlung, Verjährung oder vor dem Erlasse der Strafe die Verurteilung wegen einer strafbaren Handlung erfolgt, die vor der früheren Verurteilung begangen war.

Art. 16. Die Art. 57 und 57a des Polizeistrafgesetzbuchs werden aufgehoben.

Art. 17. Für den Geschäftsbetrieb der Preußisch-Süddeutschen Klassenlotterie sind Abgaben für den Staat und die gemeindlichen Verbände nicht zu entrichten.

Art. 18. Dieses Gesetz tritt gleichzeitig mit dem Staatsvertrage zwischen Bayern und Preußen zur Regelung der Lotterieverhältnisse vom 29. Juni 1911 in Kraft.

Gegeben zu Berchtesgaden, den 11. Oktober 1912.

Luitpold,
Prinz von Bayern,
des Königreichs Bayern Verweser.

Dr. Frhr. v. Hertling. Dr. Frhr. v. Soden-Fraunhofen.
v. Breunig. v. Seidlein. Dr. v. Knilling.
J. V.
Frhr. v. Kreß. Staatsrat **Dr. v. Henle.**

Auf Allerhöchsten Befehl:
Der Ministerialrat
im K. Staatsministerium des Innern:
Knözinger.

II. Erläuterungen zu dem Gesetze.

Art. 1.

Wer in einer Lotterie spielt, die in Bayern nicht zugelassen ist, wird mit Geldstrafe bis zu sechshundert Mark bestraft. Kann die Geldstrafe nicht beigetrieben werden, so tritt Haftstrafe an ihre Stelle.

Anhalt § 3.	Mecklenbg.-Schw. § 1.	Sachsen-M. Art. 4.
Baden § 2.	Mecklenbg.-Str. § 1.	Sachsen-W. § 5.
Braunschweig § 1.	Oldenburg Art. 6.	Schaumburg-L. § 2.
Bremen § 1.	Preußen § 1.	Schwarzbg.-Rud. § 1.
Elsaß-Lothringen § 3.	Reuß ä. L. § 2.	Schwarzbg.-Sond. § 2.
Hessen Art. 1.	Reuß j. L. § 1.	Württemberg Art. 4.
Lippe § 2.	Sachsen-Altbg. § 2.	
Lübeck § 1.	Sachsen-K. u. G. § 2.	

Vorbemerkung. Art. 1 stellt das Spielen in einer in Bayern nicht zugelassenen öffentlichen Lotterie unter Strafe; er ersetzt Art. 57 PStGB. — Für die Zulassung einer Lotterie ist maßgebend die KAV. vom 10. Juli 1867 (abgedruckt als Anlage 2).

Den Lotterien stehen die außerhalb Bayerns öffentlich veranstalteten Ausspielungen gleich. (Art. 6.)

1. Wer spielt, ist strafbar. Spielen ist die durch Vertragsabschluß vollzogene Beteiligung an einer Lotterie, durch den sich der Spieler den unmittelbaren oder mittelbaren Anspruch auf den etwaigen Gewinn begründet.

Aus dieser Begriffsbestimmung folgt:

a) Das Spielen setzt voraus einen Vertragsabschluß seitens des Spielers; denn Spielen ist Beteiligung an einer Lotterie; die Beteiligung ist aber nur möglich durch Abschluß eines Vertrages. Nicht verlangt wird ein Vertrag zwischen dem Spieler und dem Veranstalter der Lotterie. Gefordert wird vielmehr, daß durch einen mit dem Veranstalter geschlossenen Vertrag der Spieler tatsächlicher Inhaber der Gewinnchance wird. Das Gesetz sagt: wer spielt, ist strafbar; es sagt aber nicht: wer einen Lotterievertrag abschließt, ist strafbar. Der zivilrechtliche Begriff liegt dem strafrechtlichen Begriff nicht zugrunde.

Wenn also ein Dritter in eigenem Namen, aber für Rechnung eines Andern und mehr noch wenn er auch im Namen des Anderen einen Lotterievertrag abschließt (Kommissionär, Agent, Mittelsperson), so ist nicht dieser Dritte, sondern der Andere, sein Auftraggeber, der Spieler.

Der Spieler braucht weder Eigentümer noch Eigenbesitzer des Loses zu sein, noch braucht ihm der obligatorische Anspruch auf Gewinnauszahlung gegen den Veranstalter der Lotterie noch diesem der Anspruch auf Zahlung des Einsatzes gegen den Spieler zuzustehen.

Spieler ist natürlich derjenige, der im Zwischenhandel das Los für sich kauft, eintauscht, der mit einem Los Beschenkte.

Vollzieht sich die Beteiligung an der Lotterie ohne Vertragsabschluß, so liegt Spielen nicht vor.

Der Erbe eines Loses spielt nicht (ebenso im Resultat Rönnberg I 318, 328; a. M. Delius 15, der die sonderbare Meinung vertritt, daß der Erbe „spielt", wenn sich im Nachlasse ein Los befindet, aber sich erst strafbar macht, wenn er von dem Vorhandensein des Loses Kenntnis erhalten hat und sich nicht sofort des Eigentums desselben entäußert).

Auch der Vermächtnisnehmer spielt nicht. Rönnberg I 329 hält ein Vermächtnis, durch das dem Bedachten ein nicht zugelassenes Los ausgesetzt wird, nach § 2171 BGB. für unwirksam, da das Vermächtnis gegen ein gesetzliches Verbot verstoße; das ist unzutreffend (vgl. unten Zusatz II). Jedenfalls aber setze der Erwerb des vermachten Loses eine besondere Erwerbshandlung voraus; damit sei der Begriff des Spielens erfüllt; denn das Vermächtnis begründe einen obligatorischen Anspruch gegen den Beschwerten. Dem kann nicht beigepflichtet werden, denn der Erwerb des Vermächtnisses tritt von selbst ein; es bedarf also keiner Erwerbshandlung ganz und gar nicht, was wir fordern, eines Vertrags; das in § 2174 BGB. gewährte Forderungsrecht ist lediglich die Folge des schon eingetretenen Erwerbs.

Spielt der Finder eines Loses? Die Frage ist zu verneinen. Bis zum Ablauf der Sperrfrist ist der Finder lediglich Verwahrer des Loses (§ 966 BGB.); nach fruchtlosem Ablauf der Sperrfrist wird er kraft Gesetzes Eigentümer, nicht durch rechtsgeschäftlichen Akt steht ihm die Gewinnchance zu (a. M. Rönnberg I 310, der den Finder von dem Augenblicke an als Spieler betrachtet, in dem er beabsichtigt, das Los für sich zu behalten. Diese Rechtsmeinung läßt die bürgerlichrechtlichen Vorschriften über den Fund unbeachtet).

Ebensowenig spielt der Dieb eines Loses; denn sein Anspruch auf den etwaigen Gewinn wird nicht durch Vertrag begründet (a. M. Rönnberg I 311, der als Spieler zwar schließlich den Eigenbesitzer des Loses erklärt, aber im Lauf seiner Ausführungen trotzdem den Lotterievertrag als Voraussetzung des Spielens bezeichnet).

b) Mit dem Abschluß des Vertrages, durch den der Gewinnanspruch für den Spieler begründet wird, ist aber auch die Tätigkeit des Spielens beendigt. Schließt der Spieler den Vertrag mit dem Veranstalter der Lotterie, so schließt er den eigentlichen Lotterievertrag. Schließt er mit einem Dritten einen Vertrag ab, inhaltlich dessen der Dritte, der für seine Rechnung erst das Los erwerben, den eigentlichen Lotterievertrag abschließen soll, so ist der Vertrag mit dem Dritten eine straflose Vorbereitungshandlung, die vollendet wird, erst mit dem Abschluß des eigentlichen Lotterievertrags.

Das ist aber auch der Schlußakt der verbotenen Handlung. Die Spielbeteiligung bei der Losziehung ist weder erforderlich noch genügend zur Erfüllung des Begriffs des Spielens. Ob der Spieler das Los behält oder sich dessen entäußert, ist ein strafrechtlich neutraler Vorgang. Ebensowenig wie nach Vollendung des Diebstahls der fortdauernde Besitz oder die Entäußerung der gestohlenen Sache zur Erfüllung des Tatbestandes des Diebstahls erforderlich oder genügend ist. (Brückmann 656, ebenso Rönnberg I 316: a. M. KGJ. 8, 239.)

Diese Frage ist auch von großer Bedeutung für die Beantwortung der Frage nach dem Tatort.

In dem Bestellen eines verbotenen Loses liegt noch kein strafbares Spielen: das ist lediglich eine straflose Vorbereitungs- oder Versuchshandlung.

2. Die in der Rechtsprechung und in der Wissenschaft vertretenen Bestimmungen des Spielbegriffs weichen von unserer Auffassung und auch unter sich erheblich ab, so daß die Darstellung der wesentlichen Auffassungen erforderlich ist.

a) Das Reichsgericht:

Das briefliche Bestellen von Losen auswärtiger, nicht zugelassener Lotterien ist als Spielen in solchen zu betrachten (R. 6, 183).

Mit dem Setzen zu dem Zwecke, damit Gewinn oder Verlust von dem durch Zufall zu bestimmenden Ausgange des Spieles festgestellt werde, ist der Tatbestand des Glücksspieles gegeben: der Setzende versucht nicht zu spielen, wenn er seinen Einsatz macht, sondern er spielt bereits. (RGStS. 1, 119.)

Der Lotterievertrag erfordert nicht notwendig, daß der Spieler oder dessen Rechtsnachfolger für seinen Einsatz den Anspruch auf Zahlung des Gewinns an ihn selbst erwirbt. Er gestattet, daß die Gewinnauszahlung an einen Dritten mit der Wirkung bedungen wird, daß der Dritte unmittelbar das Recht erwirbt, die Zahlung zu fordern. (RGSt. 36, 125.)

Das Spiel ist ein Vertrag, durch den sich der Spieler unter einer — vom Zufall oder der Tätigkeit des Spielenden abhängigen — Bedingung der Möglichkeit eines Verlustes unterwirft, um andernfalls eine Leistung des Gegners zu erlangen, ohne daß für jedes Spiel die Übernahme eines Vermögensverlustes durch jeden der Spieler Wesenserfordernis wäre. (RGSt. 45, 424; 6, 172; 7, 21; 17, 379.)

Eine Einrichtung, nach welcher der Verlust eines der Mitspieler niemals seinen Gewinn übersteigen kann und Deckung findet durch die Einsätze der übrigen, ist mit dem Begriff des Spiels nicht unvereinbar, und das Bestehen der Möglichkeit eines positiven Vermögensverlustes für jeden der einzelnen Mitspieler ist, wenn es auch den Regelfall darstellt, doch kein unerläßliches Begriffsmerkmal des Spiels. (RGSt. 38, 204.)

b) Das Bayerische Oberste Landesgericht.

Die Lotterie ist als ein Unternehmen zu erachten, durch das Jemand anderen Personen gegen Zahlung eines bestimmten Entgelts die Hoffnung auf einen ungewissen, vom Ausfall einer Verlosung abhängigen Gewinn verkauft (BayObLG. 1, 203).

c) Das Kammergericht.

Unrichtig ist, daß das Spiel schon durch den Ankauf und den Besitzerwerb des Loses vollständig beendet sei. Dasselbe setzt sich solange fort, bis der in Ausführung begriffene gesetzwidrige Wille das erzielte Objekt erreicht hat. Dieses ist aber die Verwirklichung des durch den Ankauf und Besitzerwerb eines Loses abgeschlossenen Hoffnungskaufes, die Beteiligung an den erhofften, erst durch die Ziehung festzustellenden Losgewinnen. Den Besitz dieses Beteiligungsrechts haben die Angeklagten auch in Preußen fortgesetzt während ihres Aufenthalts dort, gleichviel ob sie sich im körperlichen Besitze der Losteile befunden haben oder nicht. Der Zweck des Gesetzes würde im andern Falle vollständig illusorisch gemacht, der Umgehung Tür und Tor geöffnet sein. (KGJ. 8, 239.)

d) Delius 15: Das Spielen in einer Lotterie ist nur möglich dem Eigentümer eines Loses. Das Spiel beginnt mit dem Erwerb des Loses und dauert bis zur vollendeten Ziehung.

Befindet sich in einem Nachlaß ein verbotenes Los, so „spielt der Erbe: derselbe macht sich aber erst strafbar, wenn er von dem Vorhandensein des Loses Kenntnis erhalten hat und sich nicht sofort des Eigentums desselben entäußert.

Bestellt Jemand von Preußen aus ein verbotenes Los im Auslande, so ist mit dem Augenblick der Absendung im Auslande — vorausgesetzt, daß nach Maßgabe des zur Anwendung kommenden Zivilrechts hierdurch das Eigentum übergeht — das Vergehen vollendet; es ist kein bloßer Versuch mehr. Nicht notwendig ist, daß das Los in das preußische Gebiet gelangt.

Die briefliche Bestellung von Losen auswärtiger in Preußen verbotener Lotterien ist als Spielen in solchen Lotterien in Preußen strafbar und als dort begangen anzusehen, wenn auch zivilrechtlich die Bestellung sowie die Annahme der Kaufofferte und der Vollzug des Vertrages als außer Preußen geschehen zu betrachten ist. Die auf den Kauf des Loses gerichtete Tätigkeit des Bestellers ist in Preußen ausgeübt.

Der Begriff der „strafbaren Handlung" umfaßt sowohl die Tätigkeit, welche den Erfolg herbeiführt, als auch den Erfolg selbst. Es braucht nur ein Tätigkeitsakt innerhalb der preußischen Grenzen sich vollzogen zu haben.

e) Groschuff 109: Unter Spielen ist die Beteiligung an einer Lotterie zu verstehen, und zwar von dem Erwerbe des Loses an bis zur Beendigung der Ziehung oder bis zum Verlust des Loses. Wer ein Los bestellt, spielt noch nicht. Wer ein Los erwirbt, sei es, daß er es persönlich in Besitz nimmt oder durch einen Dritten in Verwahrung nehmen läßt, spielt und zwar solange ihm die Verfügungsgewalt über das Los zusteht und solange die Ziehung nicht beendigt ist. Veräußert er das Los, wirft er es weg, verliert er es, so spielt er nicht mehr.

f) Brückmann 654: Der Begriff des Spielens ist zivilrechtlicher Natur und kann daher nicht für das Strafrecht aus kriminalpolitischen Gründen anders ausgelegt werden als für das Zivilrecht. Erst mit dem Abschluß des Lotterievertrages ist die Tätigkeit des Einsetzens, das Spielen, vollendet. Eine andere Frage ist es, ob das Lotteriespiel im Sinne des preußischen Strafgesetzes mit dem Abschluß des Lotterievertrages vollendet ist oder ob nicht die Tätigkeit des Einsetzens, sondern der bis zur Ziehung andauernde Zustand der Spielbeteiligung mit Strafe bedroht ist. Liegt das Strafwürdige in der verbotswidrigen Herstellung eines gewissen Zustandes oder in dem Bestehen eines verbotswidrigen Zustandes? Der Sprachgebrauch gibt hierauf keine Antwort. Aus der geschichtlichen Entwicklung muß gefolgert werden, daß der § 1 unter Spielen die eigentliche Spieltätigkeit, das Einsetzen, begreift. Bestätigt wird dieses Ergebnis durch den Zweck des Gesetzes. Er will nicht die rechtlichen Beziehungen zwischen Unternehmer und Spieler, nicht Zustände, sondern Handlungen der Inländer unter Strafe stellen. Nimmt man den Schutz finanzieller Interessen zum Motive des Gesetzes, so kann nur die Spieltätigkeit strafwürdig erscheinen. Denn zweifellos hat die dem Staate zugefügte Schädigung bereits in dem Augenblick ihren formgerechten Abschluß erreicht, in welchem der Spieler den Einsatz von sich gegeben hat, um sich an einer auswärtigen Lotterie zu beteiligen. Alle sich aus dem Vertrage ergebenden rechtlichen Beziehungen zwischen Unternehmer und Spieler sind lediglich die natürlichen Folgen einer mit Strafe belegten Tätigkeit.

g) Rönnberg I 309: So lange der Spielvertrag nicht abgeschlossen ist, so lange nicht — sei es auch nur infolge des Besitzes des Loses auf Grund seiner Inhaberqualität — ein unmittelbarer oder mittelbarer Anspruch gegen den Lotterieunternehmer auf Auszahlung des etwaigen demnächstigen Gewinns begründet ist, kann von „Spielen" nicht die Rede sein. Der bloße Besitz des Loses begründet noch nicht die Feststellung des Spielens.

Die briefliche Bestellung von Losen ist nicht als Spielen anzusehen.

Wer für einen Dritten ein Los in Verwahrung hat, spielt nicht.

Der Kollekteur, der die Lose für die Lotterieverwaltung in Verwahrung hat, spielt nicht.

Dasselbe gilt von dem Finder, solange er nicht beabsichtigt, das Los für sich zu behalten und von demjenigen, welchem von einem Kollekteur ohne Bestellung ein Los zugesandt ist, solange der Empfänger das Los nicht angenommen hat.

Andrerseits ist der Begriff des Spielens nicht zu beschränken auf den Eigentümer des Loses. Es spielt vielmehr, wer Eigenbesitzer — mittelbarer oder unmittelbarer — ist. Auf die Rechtmäßigkeit des Eigenbesitzes kommt es nicht an. Für den Begriff des Spielens ist es völlig irrelevant, ob der Erwerb des Loses überhaupt durch einen zivilrechtlichen Akt oder durch eine absolut strafbare Handlung stattgefunden hat, daß mithin spielt, auch wer ein Los gestohlen oder unterschlagen hat.

Nicht der zivilrechtliche Begriff ist maßgebend; „Spielen in einer Lotterie" ist überhaupt kein zivilrechtlicher Begriff, sondern ein vulgärer.

Es spielt in einer auswärtigen Lotterie, wer direkt infolge Eigenbesitzes eines Loses derselben oder indirekt durch eine Mittelsperson als eventueller Gewinner an der Lotterie beteiligt ist.

Das Spielen ist vollendet mit der Begründung der Beteiligung an der Lotterie, gleichviel ob dieselbe bis zur Ziehung fortgesetzt wird.

Der Erbe spielt nicht; denn nicht nur die Beteiligung an der Lotterie ist strafbar, sondern diese Beteiligung in Verbindung mit dem sie hervorrufenden Erwerbsakt und also auch dieser selbst.

Der Vermächtnisnehmer spielt (s. S. 9).

h) Schiedermair 430: Spielen ist die Tätigkeit dessen, der den Lotteriegewinn machen will. Hierzu kann schon der Besitz des Loses genügen. Die Bestellung eines Loses ist noch kein Spielen. Das Spielen ist vollendet, wenn die Entscheidung über den Gewinn gefallen ist, die Erhebung des Gewinns ist kein Spielen mehr.

3. Strafbar ist das Spielen in einer in Bayern nicht zugelassenen Lotterie oder außerhalb Bayerns veranstalteten Ausspielung.

Die Zulassung wird gemäß KAV. v. 10. Juli 1867 (s. Anl. 2) erteilt:

a) von der einschlägigen Kreisregierung K. d. J., wenn der Absatz der Lose sich nur auf den Regierungsbezirk erstreckt; b) von dem Staatsministerium des Innern, wenn dieser Absatz auf mehrere oder alle Regierungsbezirke ausgedehnt oder die Bewilligung zu periodisch wiederkehrenden Lotterien oder Ausspielungen nachgesucht wird; c) bei Lotterien oder Ausspielungen aus Anlaß von Jahrmärkten, Kirchweihen oder Volksfesten ist die Zustimmung der betr. Ortspolizeibehörde vorzubehalten; d) für die Bewilligung von in Wirtshäusern veranstalteten Lotterien oder Ausspielungen von Eßwaren ist die Ortspolizeibehörde, in München die Polizeiämter, zuständig; e) zu Lotterien oder Ausspielungen von unbeweglichen oder denselben gleichgeachteten Sachen, zu Lotterie-Anlehen, zur Zulassung von Lotterien, Ausspielungen oder Lotterieanlehen des Auslandes, abgesehen von bestimmten Ausnahmen, ist allerhöchste Bewilligung erforderlich.

Die Zulassungsmöglichkeit ist beschränkt durch Art. 2 des Staatsvertrags (s. Anl. 1); eine entsprechende Bestimmung enthalten auch die Staatsverträge Preußens mit den übrigen Bundesstaaten.

Zulassungsbedürftig sind alle öffentlichen Lotterien (s. N. 4) gleichviel ob sie ausländische oder inländische sind; private Lotterien bedürfen keiner Genehmigung.

Nicht zugelassen ist auch eine unter Beschränkung auf einen Teil des Staatsgebiets, eine bestimmte Zeit oder eine bestimmte Anzahl von Losen zugelassene Lotterie, soweit die gezogenen Schranken überschritten werden (BayObLG. 5, 83; KGJ. 18, 347; a. M. Bay-

ObLG. 8, 214, KGJ. 40, 460 und anscheinend Schiedermair 431, ferner Rönnberg I 306, und in JW. 1911, 436, der zwar die Überschreitung der genehmigten Losezahl für strafbar hält, weil darin die Veranstaltung einer neuen Lotterie nach § 286 StGB. liege, dagegen mit den Vorerwähnten die Beschränkung der Zulassung auf Teile eines Landes für strafrechtlich belanglos erklärt. Das BayObLG. 8, 214 und Rönneberg a. a. O. stützen sich beide in eingehender Begründung auf die Entstehungsgeschichte der Art. 57, 57a PStGB. bzw. des preußischen G. v. 29. August 1904 und auf den nicht zweifelsfreien Wortlaut der Vorschrift; richtiger wäre: Wer in einer Lotterie spielt, soweit dieselbe in Bayern nicht zugelassen ist. Allein die Entstehungsgeschichte der bisherigen Vorschriften kann für unseren Artikel um so weniger von Bedeutung sein, als die Begr. 8 gerade das „Nicht zugelassen" unter Bezugnahme auf BayObLG. 5, 83 erläutert. Außerdem führte der Justizminister bei der Ausschußberatung in der Kammer der Reichsräte, Protokoll vom 22. August 1912 S. 10 aus: „Art. 1 solle sich also nicht nur auf „auswärtige", d. h. außerbayerische, sondern unter gewissen Bedingungen auch auf bayerische Lotterien beziehen. Bekanntlich sei das bayerische Oberste Landesgericht in seinem Urteil vom 7. März 1908 (BayObLG. 8, 214) bezüglich der Art. 57 und 57a PStGB. anderer Meinung gewesen. Ob diese Entscheidung zutreffend gewesen, wolle er hier nicht erörtern. Die Frage sei auch ohne Belang, da es sich ja jetzt um ein neues Gesetz handle, dessen Art. 1 künftighin nach der beigegebenen Begründung den dargelegten Sinn haben solle. Wenn Bayern das Spielen in Lotterien überhaupt bestrafen könne, so könne es auch das Spiel in bayerischen Lotterien ebenso bestrafen wie das in nichtbayerischen Lotterien. Übrigens sei, ganz abgesehen von dem Sinne des Art. 57 und 57a PStGB. zu beachten, daß die bisherigen Vorschriften lediglich polizeiliche, zum Schutze des Einzelnen gegebene Bestimmungen gewesen seien, während die jetzigen Bestimmungen in erster Linie fiskalische Zwecke, nämlich den Schutz der Staatslotterie, verfolgten. Damit sei der ganze Boden des Gesetzes ein anderer geworden."

Die Zulassung muß von der zuständigen Stelle erteilt sein (RGSt. 3, 40).

4. Strafbar ist das Spielen in einer in Bayern nicht zugelassenen öffentlichen Lotterie und in einer Ausspielung, die außerhalb Bayerns öffentlich veranstaltet wird.

Denn zulassungsbedürftig sind nur die öffentlichen Lotterien und Ausspielungen (AB. v. 10. Juli 1867, Anl. 2).

Da nach Art. 6 das Spielen in Ausspielungen nur strafbar ist, wenn dieselben außerhalb Bayerns veranstaltet werden, ist das Spielen in nicht zugelassenen bayerischen öffentlichen Ausspielungen nicht strafbar; ihre Veranstaltung ist jedoch nach § 286 Abs. 2 StGB. strafbar.

Der Begriff der Öffentlichkeit ist wie im gemeinen Leben, so auch im StGB. ein sehr mannigfacher. Während er einerseits in einer Beziehung zum Staate oder einer politischen Korporation zu finden ist — öffentliche Ämter, öffentliche Wahlen, öffentliches Eigentum §§ 31, 33, 132, 361 Ziff. 7 und 370 Ziff. 1 und 2 — bedeutet er andererseits überhaupt das faktische Verhältnis menschlichen Zusammenlebens — öffentlicher Friede, öffentliche Meinung, öffentlicher Verkauf, öffentlicher Zweck §§ 126, 130a, 187, 324, 317, 320, 250 Ziff. 3, 360 Ziff. 14, 365, 285, 366 Ziff. 3, 5, 8, 9, 10; 367 Ziff. 12 — und wieder andererseits lediglich die Beziehung auf eine Mehrheit von Personen, sei es daß eine Handlung sich gegen eine solche richtet — vor einer Menschenmenge §§ 85, 110, 111, 130a — sei es, daß sie von mehreren wahrgenommen wird, §§ 183, 186, 187, 200, 360 Zif. 13 — oder sei es, daß sie die Beteiligung anderer ermöglicht §§ 115, 124, 125.

Es ist daher untunlich, aus der speziellen Bedeutung in einem Gesetzesparagraphen Schlüsse auf einen gleichsinnigen Gebrauch in einer anderen Strafbestimmung zu ziehen.

Das Charakteristische des Ausdrucks kann vielmehr nur in jedem Einzelfalle aus Zusammenhang und Zweck der betreffenden Strafsatzung entnommen werden.

In § 286 StGB.. kann als der legislatorische Grund für das unter Strafe gestellte Verbot kein anderer gedacht werden, als daß die Handlung, welche in finanzieller und polizeilicher Hinsicht in die obrigkeitlichen Zuständigkeiten eingreift, die Spiellust anderer anregt und beziehungsweise ausbeutet.

Völlig gleichgültig ist es dagegen für den Tatbestand des Delikts, ob die Handlung von anderen wahrgenommen wird, oder ob die Gesamtheit eines Kreises von Menschen davon berührt wird.

Für die Strafbarkeit der Veranstaltung einer Lotterie unter einer Anzahl beliebiger unbestimmter Personen ist es ohne Bedeutung, ob dieselbe durch Anschlag oder öffentliche Blätter den einzelnen zur Kunde gebracht wird, oder ob das Unternehmen denselben mündlich oder schriftlich zur Kenntnis kommt. Auch im letzteren Falle ist es „dem großen Publikum zugänglich gemacht", sobald die Kundmachung einer Offerte zur Teilnahme sich nicht auf einen bestimmten durch eine Individualbeziehung des Berufes, der persönlichen Bekanntschaft, gemeinsamer Interessenverbindung und anderer ähnlicher Begrenzungen fest abgeschlossenen Kreis beschränkt. (RGSt. 1, 37; 2, 254; 22, 241; 40, 262; 42, 112; BayObLG. 5, 371 und in BayZfR. 1911, 465.)

Eine nur für die Wahrnehmung gewisser Personen bestimmte Handlung, die von Zufälligkeiten oder Möglichkeiten, die erfahrungsgemäß nicht zur Wirklichkeit zu werden pflegen, abgesehen, auch nur von diesen bemerkt werden konnte, ist schon rein objektiv genommen, keine öffentliche. (Olshausen § 110 N. 5; RGSt. 35, 159; 37, 289; BayObLG. 11, 90.)

5. Strafbar ist das Spielen in einer in Bayern nicht zugelassenen öffentlichen Lotterie oder in einer außerhalb Bayerns öffentlich veranstalteten Ausspielung.

Lotterie und Ausspielung sind eine Art der Glückspiele im weiteren Sinne.

a) Lotterie ist diejenige Unternehmung, die auf den Abschluß und die Ausführung zusammenhängender Lotterieverträge gerichtet ist. Eine Lotterie veranstaltet sonach derjenige, der es unternimmt, mit einer Mehrheit von Personen in ein Vertragsverhältnis derart zu treten, daß er denselben nach einem vorher festgestellten Plane die Hoffnung auf einen, von einem ungewissen, wesentlich durch Zufall zu entscheidenden Ereignisse abhängigen Geldgewinn gegen Ausgabe von Losen oder Lossurrogaten verkauft, indem er sich gegen eine ihm zu leistende Zahlung für den Fall des Eintritts dieses Ereignisses zu einer bestimmten Leistung verpflichtet. (RGSt. 9, 202; 11, 211; Olshausen § 286 N. 3 und 4, Sutner 205.)

b) Die Ausspielung unterscheidet sich von der Lotterie dadurch, daß, während die letztere Geldgewinne zum Gegenstande hat, die erstere bewegliche oder unbewegliche Sachen zum Gegenstande hat (RGSt. 1, 414; 5, 432; 10, 245; 17, 379; 19, 257; R. 6, 261; BayObLG. 1, 429).

c) Gemeinsam ist der Lotterie und der Ausspielung, daß nicht alle Beteiligte miteinander Spielverträge abschließen, sondern daß mit einem gemeinsamen Dritten die Spielverträge abschließen; dieser, der Unternehmer, der Veranstalter ist an dem Ausgange des Spiels, an der Gewinnermittlung und Gewinnverteilung wirtschaftlich nicht interessiert. (Rönnberg I 94, Frank § 286 N. I.)

d) Das Veranstalten einer Lotterie erfordert nicht, daß das Unternehmen zustande gekommen, bzw. zu Ende geführt sei, sondern es liegt schon dann vor, wenn der Ziehungsplan anderen kundgegeben und die Teilnahme an dem Unternehmen durch Erwerb eines Anrechtes auf eventuellen Gewinn angeboten worden ist. (RGSt. 1, 357, 8, 292; 11, 211; 27, 47; BayObLG. 1, 203.) Immerhin muß aber die unerläßliche Anteilnahme des Publikums, wenn auch noch nicht bewirkt, so doch ermöglicht sein. Ermöglicht ist aber eine Teilnahme der Spieler erst von dem Augenblicke an, in welchem diejenigen Formalitäten erfüllt werden können, von deren Nachweis der Spielplan die Geltendmachung der Rechte der einzelnen Teilnehmer abhängig macht. (RGSt. 9, 202; hier wurde Veranstaltung in dem Ausschreiben der Lotterie vor erlangter obrigkeitlicher Erlaubnis und bevor der Unternehmer im Besitze der Lose war, verneint.)

Wenn die Veranstaltung einer Lotterie in der Schaffung aller Einrichtungen besteht, durch die dem Publikum der Abschluß von Lotterieverträgen ermöglicht werden soll, so kann sich die Gesamttätigkeit des Veranstalters derart verteilen, daß an verschiedenen Orten Anstalten getroffen werden, um dort den Abschluß je eines Teiles der Spielverträge zu bewirken, die in ihrer Gesamtheit und im Zusammenhang miteinander das Lotterieunternehmen darstellen. Dann hat die Veranstaltung an jedem einzelnen Orte stattgefunden, an dem Einrichtungen als Bestandteile des einheitlichen Gesamtunternehmens geschaffen wurden. Lotterien ausländischer Lotterieunternehmungen sind daher auch im Inlande veranstaltet, wenn dem Publikum die Beteiligung durch Einrichtungen innerhalb des Reichs ermöglicht wird. (RGSt. 42, 430.)

e) Das sog. Heuer- oder Promessengeschäft liegt vor, wenn der Besitzer eines Loses gegen Ausgabe von Anteil-(Partial-)scheinen auf Lose oder Prämienpapiere, den Promessen, dem Abnehmer der Promessen gegenüber sich verpflichtet, den entsprechenden Gewinnanteil zu überlassen. Wird auf diese Weise dem Abnehmer nur ein persönlicher Anspruch gegen den Verkäufer und nicht das Eigentum an einem bestimmten Teile des Originalloses begründet, so liegt darin die Veranstaltung einer selbständigen neuen Lotterie (Olshausen § 286 N. 6; Frank § 286 N. I, Sutner 206; Endemann 147; RGSt. 3, 133; 4, 80; 7, 162; BayObLG. 1, 203; a. M. Rönnberg I, 102).

f) Die Veranstaltung einer neuen selbständigen Lotterie ist auch dann gegeben, wenn Jemand gegen Entgelt sich verpflichtet, einem Anderen je nach Ausfall einer anderweitig stattfindenden Lotterie den auf ein bestimmtes Los derselben fallenden Gewinn zu gewähren.

Dieser Fall liegt nicht schon dann vor, wenn der Inhaber eines Loses dieses an einen Andern verkauft und ihm das Eigentum des Loses überträgt, sich also des Eigentums an dem Lose entäußert. Es ist dann nur an die Stelle der dieses Los in der fraglichen Lotterie spielenden Person eine andere Person getreten. Übermäßige Preisforderung, Täuschung, überhaupt die Art und Weise der Herbeiführung des Kaufes ändern hierin nichts; eine in dieser Hinsicht etwa begründete Strafbarkeit würde auf anderen Gebieten liegen. Der Verkäufer des Loses wird auch nicht etwa dadurch zum Veranstalter einer neuen selbständigen Lotterie, daß er auf Grund des Vertrages mit dem Abnehmer das Los in Händen behält unter Übernahme der Verpflichtung, im Gewinnfalle der Lotterieverwaltung gegenüber so, als ob er der Eigentümer wäre, aufzutreten und den Gewinn zu heben und an seinen Abnehmer abzuliefern. Er steht dann nicht anders da, als jede andere mit der Aufbewahrung eines Loses und eventuell für Kassierung des Gewinnes beauftragte Person, welcher das Los allererst zu diesem Zwecke von dem Eigentümer übergeben ist. Die Übernahme dieser Verpflichtung zur getreuen Verwaltung fremden Eigentums schafft nicht eine neue selbständige Lotterie.

Ob nun das Los nur auf eine einzige Person oder auf meherre Personen — also zu Miteigentum übertragen wird, kann keinen Unterschied begründen.

Eine neue selbständige Lotterie veranstaltet aber nicht bloß derjenige, welcher den auf ein bestimmtes Los etwa fallenden Gewinn, ohne dieses Los selbst zu besitzen, Andern verspricht, sondern auch derjenige, welcher ein bestimmtes Los besitzt und nunmehr den auf dasselbe künftig fallenden Gewinn einem Andern (oder mehreren Anderen, ganz oder teilweise) zu zahlen verspricht. Er hat sich in dem letzteren Falle wegen seiner möglichen Verpflichtung zu zahlen eingedeckt; allein er bleibt verpflichtet, wenn auch die Deckung aus irgendeinem Grunde versagen sollte; — beispielshalber kann das Originallos bei ihm gepfändet werden, auch kann er seine Deckung nachträglich freiwillig zerstören, indem er das Los anderweit verkauft — was er, im Falle er ein fremdes Los als Beauftragter besitzt, zwar mit Rechtswirkung nach außen hin tun kann, aber nicht tun darf, da er dadurch dem Auftrage zuwiderhandeln, auch sich einer Untreue schuldig machen würde.

Denkbar ist schließlich auch, daß im Falle der Veräußerung des Eigentums an dem Lose der Verkäufer doch zugleich noch eine über die Verpflichtung zur Einziehung und Ablieferung des Gewinnes hinausgehende persönliche Verpflichtung zur Auszahlung einer dem Gewinne gleichen Summe hat übernehmen wollen. (OLG. Celle vom 18. März 1901 in GoldtArch. 49, 309.)

g) Die Veranstaltung einer neuen Lotterie liegt auch dann vor, wenn der Form nach zwar das Los zu Eigentum übertragen wurde, der wirkliche Vertragsinhalt aber ergibt, daß der Eigentumsübergang nur zum Schein vereinbart wurde oder wenn außer dem Eigentumsübertragungsvertrag auch noch die Überlassung einer Gewinnhoffnung Vertragsinhalt war. (RGSt. 9, 405; R. 7, 621; RGZS. 18, 79; BayObLG. 8, 93; 9, 25, 296.)

h) In der Geschäftsgebahrung einer Serienlosgesellschaft wird in der Regel die Veranstaltung einer neuen Lotterie liegen (Sutner 206, Frank § 286 N. I, BayObLG. 6, 194, 302; RG. in GoltdArch. 48, 111).

i) Keine Veranstaltung einer neuen Lotterie liegt in dem sog. Gesellschafts- oder Kompagniespiel, sobald der Verkaufswille auf Gewährung der Lose selbst, wenn auch nur zu einem aliquoten Teile, gerichtet ist, also ein Loskauf vorliegt, mag der Käufer schon vor Erlegung etwaiger Ratenzahlungen Eigentum im Wege das constitutum possessorium (§§ 930, 933 BGB.) erlangt haben oder der Verkäufer bis zu dieser Erlegung im Eigentum verblieben sein; auf die Frage, wann das Eigentum übergeht, kommt es nicht an

(Olshausen § 286 N. 6; RGSt. 1, 133; 4, 80; 7, 161; 37, 50; RGZS. 14, 84; 18, 79; BayObLG. 8, 93; 9, 25, 296).

Das Gesellschaftsspiel ist vielmehr dem verbotenen Handel mit Losabschnitten als die daneben noch mögliche Form der Beteiligung mehrerer am Lotteriespiel gegenübergestellt (RGSt. 39, 49).

Doch muß ein wirklicher Gesellschaftsvertrag vorliegen und nicht lediglich ein Scheinvertrag, bei dem etwa die Teilnehmer in ihrer Gesamtheit nicht Eigentümer der Lose wurden, sondern nur einmal Anspruch gegen den „Gesellschaftsleiter" auf Auszahlung des auf sie treffenden Gewinnanteils haben. In einem solchen Geschäft liegt ein Vergehen nach Art. 2 des LottG. (BayObLG. 6, 194, 302; 7, 369; 8, 93; 9, 25, 296).

Keine Veranstaltung liegt darin, daß jemand für eine bestehende Lotterie Lose ausbietet und absetzt; auch nicht darin, daß der Täter den Vertrieb bei beschränkter Genehmigung auf einen bestimmten örtlichen Bereich über das erlaubte Gebiet hinaus verlegt (RGSt. 5, 39).

k) Die Losziehung ist die gewöhnliche Art der Gewinnvermittlung, aber nicht die einzig zulässige (RGSt. 10, 245; Sutner 205; Frank § 286 N. I; Rönnberg 100; a. M. Häußner 26).

Die Losziehung braucht nicht allein über den Gewinn zu entscheiden, es kann eine eigene Tätigkeit der Spieler oder die persönliche Geschicklichkeit von Spielern hinzutreten z. B. Lösung von Preisrätseln (RGSt. 16, 83; 25, 256; Olshausen § 286 N. 2 und 5).

Die Gewinnermittlung kann auch in der Tätigkeit eines anderen als des Veranstalters bestehen (RGSt. 27, 47; 34, 140).

Die Entscheidung kann sogar von der Willkür des Unternehmers abhängig sein (RGSt. 27, 34); der Spielplan selbst muß aber der Willkür des Unternehmers entzogen sein (Olshausen § 286 N. 2); denn der vorher bestimmte Plan ist ein Wesensmerkmal der Lotterie (RGSt. 1, 133; 5, 432; 18, 342; Olshausen § 286 N. 4).

l) Daß der Spieler ein **Risiko** eingeht, ist üblich, aber nicht erforderlich. Vielmehr steht es dem Wesen des Lotterievertrages nicht entgegen, wenn ein Gewinn sicher und dem Einsatze gleichwertig ist, ja selbst wenn neben dem Handelspreise einer Ware auch noch die Aussicht auf einen Gewinn gewährt wird. (RGSt. 17, 379; 34, 447; Olshausen § 286 N. 5; Frank § 286 N. I; Häußner 23.) Ebensowenig ist erforderlich, daß **jeder** Spieler die Gefahr eines Vermögensverlustes trägt (RGSt. 45, 424).

m) Der **Einsatz** ist wesentlich; die Zahlung kann auch nachträglich erfolgen oder nur für den Fall des Verlustes bestimmt sein. (RGSt. 1, 414; Häußner 16.)

Der Einsatz wird in der Regel, aber er muß nicht eine bestimmte Höhe haben und in seinem Werte erkennbar sein; er kann mit der Gegenleistung für ein anderes Anrecht in der Art verbunden sein, daß beide Leistungen in ihrer Individualität nicht besonders hervortreten z. B. mit dem Besuche einer Theatervorstellung, dem Bezuge eines Abonnementswerkes (RGSt. 1, 52; 2, 390; 16, 83; 25, 180; 34, 447; 42, 430; Olshausen § 286 N. 5; Frank § 286 N. I).

n) Nicht notwendig ist, daß sich **mehrere** Spieler an der Gewinnziehung beteiligen; es genügt **ein** Spieler. (RGSt. 1, 414; 5, 432; 10, 245; Olshausen § 286 N. 5; a. M. Rönnberg I 94.)

Frank § 286 N. I unterscheidet: Ist der Vertrag in dem Sinne geschlossen, daß sich der Unternehmer der gesamten Gewinne ohne Rücksicht auf die Zahl der Spieler entäußert, so ist der Vertrag ein Lotterievertrag. Läßt dagegen der Vertrag die Möglichkeit offen, daß bei geringerer Beteiligung ein Teil der Gewinne beim Unternehmer bleibt, so handelt es sich nur dann um eine Lotterie, wenn die Ausscheidung der zurückbleibenden Beträge vor dem eigentlichen Spiel erfolgt.

o) **Nicht notwendig** ist, daß **überhaupt Gewinne** gewährt werden; der Spielplan kann so gestaltet sein, daß jeder Spieler oder keiner gewinnt (RGSt. 2, 390, Olshausen § 286 N. 5; a. M. R. 1, 209).

p) Der Gewinn kann auch von einem in der Vergangenheit liegenden, jedoch noch unbekannten Ereignisse abhängig gemacht werden. (Olshausen § 286 N. 5.)

q) Regelmäßig wird der Veranstalter selbständig das ungewisse Ereignis bezeichnen, an dessen Eintritt er seine Verpflichtung knüpft; er kann aber auch den für eine andere Lotterie maßgebenden Zufall für seine eigene Lotterie als maßgebend erklären. (RGSt. 2, 480; 7, 161; 37, 438; Olshausen § 286 N. 5.)

r) Die Gewinnermittlung erfolgt für alle Spieler in der Regel in einem einheitlichen Akte, sie kann aber auch äußerlich getrennt erfolgen. (RGSt. 1, 414.)

s) Das Vorhandensein von Eigennutz bildet keine notwendige Voraussetzung für den Spieler oder Unternehmer. (RGSt. 45, 424.)

6. Einzelnes aus der Rechtsprechung:

a) Als Lotterie bzw. Ausspielung wurden erklärt: (nach Daude zu § 286).

Das für den Abonnementspreis auf ein literarisches Erzeugnis gleichzeitig gewährte Anrecht auf einen Teil des auf ein bestimmtes Los fallenden Gewinnes (RGSt. 1, 53; 2, 390; 16, 83).

Das Abonnement einer Zeitung mit Anrecht auf Gewinn bei Lösung eines Preisrätsels (RGSt. 25, 256; BayObLG. 10, 348).

Bestellung eines Druckwerkes mit demselben Anrecht (RGSt. 38, 314).

Abonnement einer Zeitung in Verbindung mit Unfallversicherung (RGSt. 36, 125).

Das Ausbieten von Waren mit dem Versprechen, einzelnen Abnehmern, die durch die Reihenfolge des Eingangs der Bestellung bestimmt werden sollen, eine Prämie zu gewähren (RG. in GoltdArch. 45, 478).

Theaterbillet mit Anrecht auf Teilnahme an einer Ausspielung (RGSt. 1, 52; 2, 390).

Verlosung von Früchten (RGSt. 1, 414; 5, 432).

Verkauf von Waren, denen Anweisungen auf Zufallsgewinne beiliegen (Glücksseife) [R. 9, 300].

Verkauf sog. Überraschungspakete (RGSt. 19, 11; 34, 448).

Ausspielung unter Verwendung von Ansichtspostkarten (RGSt. 40, 391).

Aufstellung von sog. Würfelautomaten (RGSt. 29, 66).

Vertrieb von Gutscheinen nach dem sog. Hydra-, Gella-, Multiplex- oder Schneeballensystem (RGSt. 34, 140, 321, 390, 403; sehr bestritten).

b) Das wesentlich Unterscheidende zwischen Lotterie und Glücksspiel im engeren Sinne liegt darin, daß beim Glücksspiele dem Spieler durch die immerfort erfolgende Zufallsentscheidung des Würfels, der Karte usw. die Möglichkeit fortgesetzter Wiederholung der Einsätze gewährt wird, eine von der Willkür und der Spielleidenschaft der einzelnen beeinflußte Unbegrenztheit der Verlustchancen des Gesamtspiels besteht, während für die Lotterie eine derartig planmäßige Ordnung erfordert wird, daß von den einmal festgesetzten Gewinnen alle Mitspielenden bestimmt begrenzte gleichmäßige Spielaussichten haben, daß die Zufallsentscheidung über die planmäßigen Lotteriegewinne ohne jede zulässige Wiederholung von Einsätzen und Erneuerung der Gewinnchancen ihren abgeschlossenen Verlauf hat. (RG. vom 14. Februar 1910 in Sörgel 5, 116.)

7. Wer in einer, in Bayern nicht zugelassenen Lotterie spielt, ist strafbar.

Strafbar ist der Inländer und der Ausländer, der in Bayern spielt.

Ausländer ist für unser Landesgesetz jeder Nichtbayer.

Diese Folgerungen ergeben sich aus dem Territorialitätsprinzipe des StGB.; nach § 3 finden die Strafgesetze des deutschen Reiches Anwendung auf alle im Gebiete desselben begangenen Handlungen, auch wenn der Täter ein Ausländer ist. Für das Landesstrafrecht gilt diese positive Seite des Territorialitätsprinzips. (RGSt. 1, 219, 274; 36, 260; KGJ. 3, 247; 9, 296; 14, 251; 16, 477; Olshausen § 3 N. 17; Rönnberg I 323; Mathiessen 39.)

8. Aus dem Territorialitätsprinzip folgt aber auch, daß der Bayer, selbstverständlich auch der Nichtbayer, nur bestraft wird, wenn die Handlung in Bayern begangen wird. Diese Frage nach dem Begehungsort ist grundsätzlich gleich zu beantworten wie die Frage der Begehungszeit.

Begangen ist eine Handlung an dem Orte und zu der Zeit, an dem und zu der der Täter in seiner Ausführung persönlich tätig war. Eine aus mehreren Einzelakten bestehende Handlung ist überall da begangen, wo eine Ausführungshandlung vorgenommen wurde, so daß mehrere Begehungsorte vorliegen können. Bildet die Tätigkeit des Handelnden zusammen mit der durch Werkzeug oder Boten vermittelten Wirkung ein einheitliches Ganze, so ist Begehungsort sowohl der Ort der Tätigkeit des Handelnden als auch — aber nur in diesem Falle — der Ort, an dem die Wirkung eintrat.

Diese sog. Aufenthaltstheorie ist die herrschende und wird insbesondere vertreten von Frank § 3 N. 4; Liszt 137; Olshausen § 3 N. 3, 5 und teilweise auch vom Reichsgericht. (RGSt. 11, 245.)

Doch stellt das Reichsgericht vielfach körperliche Tätigkeit und Erfolg gleich s. N. 9.

Spielen ist diejenige Beteiligung am Spiel, durch die sich der Spieler den Gewinnanspruch begründet. Zur Erfüllung dieses Tatbestandes ist häufig eine Tätigkeit des Lotterieunternehmers erforderlich; z. B. bei der Annahme einer schriftlichen Bestellung. Der Unternehmer ist alsdann als Werkzeug des Täters zu betrachten. Das Spielen ist abgeschlossen mit dem Akt, der die Gewinnbeteiligung sichert; deshalb sind Handlungen, die nach diesem Zeitpunkt vorgenommen werden, strafrechtlich belanglos. Das Spielen ist ein Zustandsvergehen, bei dem der durch die einmal abgeschlossene Handlung herbeigeführte, dauernde rechtswidrige Zustand strafrechtlich nicht weiter in Betracht kommt. (Liszt 235.)

Der Bayer oder Ausländer, der während seines Aufenthalts in Bayern ein nicht zugelassenes Los z. B.

einer auswärtigen Lotterie spielt, macht sich strafbar (KGJ. 9, 296; 16, 477; R. 6, 183).

Der Bayer oder Ausländer, der dieses Los aber während seines Aufenthaltes im Auslande erwirbt, ist nicht strafbar (a. M. R. 1, 380; BayObLG. 5, 33; Rönnberg I 332), auch wenn er das Los nach seiner Rückkehr nach Bayern behält (a. M. KGJ. 8, 239; Delius 16).

Zu demselben Ergebnisse gelangte man, wenn auch mit anderer Begründung, bei den Kommissionsberatungen im Abgeordnetenhause zu dem preuß. LottG. vom 29. August 1904 mit den Worten: „In einer derartigen Handlung sei nur eine Fortsetzung des strafbar begangenen Spieles zu erkennen und die könne nicht unter Strafe gestellt werden."

Irrig ist die Meinung Schiedermairs 456: die entsprechende Anwendung des § 4 Nr. 3 StGB. führe dazu, daß ein Bayer, der außerhalb Bayerns dem Lotteriegesetze zuwiderhandle, dann nach dem Lotteriegesetze bestraft werden könne, wenn die Tat nach dem Gesetze des Tatortes strafbar ist. Dieser Fall kann nie eintreten, denn außerhalb Bayerns ist ein Vergehen gegen das bayerische Lotteriegesetz nicht strafbar (KGJ. 8, 239).

9. Aus der Rechtsprechung zur Frage des Begehungsortes, auch soweit sie zu Art. 2 gehört:

a) Die Strafprozeßordnung hat Bestimmungen darüber, welcher Ort als derjenige anzusehen ist, an welchem die strafbare Handlung begangen ist, nicht getroffen. In der Strafrechtswissenschaft hat man zwar versucht, diese Frage abstrakt und für die verschiedenen Fälle gleichmäßig zu beantworten, indessen ist weder in der Theorie eine allgemeine Übereinstimmung der Ansichten noch in der Praxis eine gleichmäßige Übung herbeigeführt. Man wird sich also darauf beschränken dürfen, die Frage für den vorliegenden Fall einerseits nach dem Sinne und der Tragweite des zur Anwendung gebrachten Strafgesetzes, andererseits nach der Natur und Bedeutung der angeklagten Handlung zu untersuchen. Hiernach hat das Verbot die Bedeutung, daß der Vertrieb, das Angebot, der Verkauf von Losen der nicht zugelassenen Lotterien innerhalb des preußischen Staatsgebietes unterbleiben soll. Ein Verbot dieser Art hat einen ähnlichen Charakter wie ein Vieheinfuhrverbot. Einem solchen Verbote handelt nicht allein derjenige entgegen, welcher, während er sich im preußischen Staatsgebiete persönlich aufhielt, Lose ausbietet oder verkauft, sondern auch derjenige, welcher von auswärts Briefe mit verbotenen Losen nach Preußen versendet oder auf solche Weise anbietet.

Im Sinne jedes Strafgesetzes schließt ferner die Handlung des Angeschuldigten nicht mit der persönlichen Tätigkeit desselben ab; vielmehr gibt es kaum eine strafbare Handlung, bei welcher nicht in irgend einem Umfange eine durch die Tätigkeit erzielte und beabsichtigte Wirkung zum Tatbestande der strafbaren Handlung gerechnet und in den Begriff derselben hineingezogen wird. Ist nun die beabsichtigte Wirkung an einem anderen Orte eingetreten, als an welchem der Angeschuldigte persönlich tätig gewesen ist, so läßt sich die zum Tatbestande gehörende Wirkung nicht ausscheiden, um auf solche Weise den Ort der begangenen Handlung allein zu bestimmen nach demjenigen Orte, an welchem der Täter seine persönliche Tätigkeit entwickelt hat; vielmehr muß, wenn das eine der beiden Momente — Tätigkeit und Wirkung — das andere nach sich ziehen und so für die Bestimmung des Gerichtsstandes maßgebend werden soll, ein Grund vorhanden sein, welcher jenem das Übergewicht verschafft.

Besteht nun der Charakter der strafbaren Handlung darin, daß die beabsichtigte Wirkung innerhalb eines bestimmten Gebietes in Wirksamkeit tritt, daß verbotene Lose innerhalb des preußischen Staatsgebietes vertrieben, angeboten oder verkauft werden, so erscheint derjenige außerhalb jenes Staatsgebietes belegene Ort, von welchem aus der Täter jene Wirksamkeit in der Absicht und mit dem Erfolge erzielt, daß sie an irgend einem Orte des preußischen Staatsgebietes in die Erscheinung tritt, für den Charakter der strafbaren Handlung ohne Bedeutung.

Als Ort der strafbaren Handlung kann

allein derjenige in Betracht kommen, an welchem die von dem Täter erzielte Wirkung mit seinem Willen in die Erscheinung tritt. Im Sinne des Strafgesetzes handelt der Angeschuldigte an diesem Orte, in dem er für seine strafbare Handlung Kräfte in Bewegung setzt oder benutzt, durch welche er das von ihm erstrebte Ziel dort erreicht.

Auf diese Weise erlangt nun zwar das preußische Landesstrafgesetz innerhalb des Deutschen Reiches eine tatsächliche Wirkung über die preußischen Grenzen hinaus, allein der Natur der Sache widerstrebt eine solche Wirkung nicht, sie greift namentlich nicht über die von dem einzelnen Staat gezogenen Grenzen in das Gebiet eines anderen deutschen Staates hinüber. Gegen Handlungen, welche dazu bestimmt sind, innerhalb eines fremden Staatsgebietes unmittelbar wirksam zu werden, in die dortige Rechtsordnung einzugreifen, welche Rechte und Interessen dieses Staates auf solche Weise verletzen, darf sich der betroffene Staat, auch wenn die Handlungen jenseits seiner Grenzen in Vollzug gesetzt werden, durch Strafverbote schützen.

Kann es nicht bezweifelt werden, daß er den Täter in solchem Falle bestrafen darf, wenn er ihn innerhalb seiner Grenzen ergreift, so darf auch auf Grund des § 7 StPO. die Aburteilung von einem Gerichte des durch die Handlung in vorgedachter Weise verletzten Staates erfolgen, denn dieses Gesetz unterscheidet nicht zwischen Untersuchungen, welche wegen Vergehen eröffnet sind, die durch Landesgesetze und solchen, welche wegen eines Vergehens eröffnet sind, die durch Reichsgesetze verboten sind; es eröffnet auch in jenem Falle einen Gerichtsstand, dessen Wirksamkeit sich auf das ganze Reichsgebiet erstreckt (RGSt. 1, 274).

b) Unter einer Handlung ist nicht lediglich das formelle Tun, in welchem sich der Wille offenbart, mit Ausschluß seiner Wirksamkeit zu rechnen. Zur Handlung im strafrechtlichen Sinne gehört vielmehr diese Wirksamkeit wenigstens da, wo nicht das bloß formelle Tun den Gegenstand eines Strafgesetzes bildet. Die

Handlung dauert darum so lange, so lange ihre Wirksamkeit dauert, mag auch das formelle Tun bereits in einem früheren Zeitpunkte zu Ende gekommen sein (RGSt. 3, 316).

c) überall da, wo es wesentlich auf die Wirkung des Handelns ankommt, wird es näher liegen, bei der Vorstellung der Handlung als eines Geschehens davon auszugehen, daß man die durch die gewollte körperliche Bewegung hervorgerufene Kausalreihe bis zur Erreichung oder Verfehlung des Zieles als eine, durch die Ansicht des Handelnden zu einer Einheit verbundene Handlung ansieht. Dies gilt insbesondere auch dann, wenn von Handlungen als juristischen Tatsachen d. h. als Ursachen von Rechtsfolgen die Rede ist, da ohne diese Wirkung das Handeln, als körperliche Bewegung gedacht, juristisch bedeutungslos ist. Daß nun in diesem Sinne das Wort Handlung auch in dem § 3 StGB. zu verstehen ist, ergibt sich zur Evidenz aus dem Beiworte: „strafbare". Denn diese Eigenschaft vermag dieselbe nur durch ihre rechtsverletzende Wirkung zu erlangen. Sie ist mithin als „strafbare" erst da zum Abschlusse gelangt, wo sie dasjenige Rechtsgut, durch dessen absichtliche oder fahrlässige Verletzung der staatliche Strafanspruch hervorgerufen wird, getroffen hat, und folgeweise kann der Ort, an welchem diese Wirkung eingetreten ist, auch wenn derselbe von dem Orte der körperlichen Tätigkeit des Handelnden verschieden ist, im Sinne des Strafgesetzes sehr wohl als Ort der Begehung der strafbaren Handlung angesehen werden.

Die Gegenmeinung scheint zum Teile durch eine nicht gerechtfertigte Ausdehnung des Begriffes „Erfolg" über die nächste strafrechtlich relevante Wirkung der Handlung hinaus beeinflußt zu sein. Sie führt überdies vornehmlich in denjenigen Fällen zu unannehmbaren Konsequenzen, in welchen vom Auslande her durch den Willen des Handelnden gelenkte Werkzeuge strafbare körperliche Einwirkungen auf inländische Personen oder Sachen ausgeübt werden (z. B. beim Schießen, Werfen usw. über die Grenze) und macht ohne innere oder äußere Nötigung den Schutz inländischer Rechtsgüter in weitem Umfange von den Gesetzen des Auslandes abhängig, auf deren Gestaltung dem Deutschen Reiche selten ein maßgebender Einfluß zustehen wird. Das Gesagte findet in eminenter Weise auf Fälle Anwendung, wo zum Schutze des Inlandes gegen das Ausland Verbote erlassen sind, deren Übertretung nur vom Auslande her denkbar, nach dessen Gesetzen aber regelmäßig, soweit nicht Staatsverträge eine Ausnahme bedingen, nicht strafbar ist (RGSt. 11, 20; 10, 420; 20, 169; 41, 35).

10. a) Die Schuldform ist Vorsatz oder Fahrlässigkeit. Denn die fahrlässig begangene Handlung wird nicht nur dann bestraft, wenn das Gesetz es ausdrücklich ausspricht, sondern auch wenn dieser Wille aus dem Zusammenhange der gesetzlichen Bestimmungen zu entnehmen ist. Für polizeiliche Delikte genügt im allgemeinen Fahrlässigkeit. Der polizeiliche Charakter unseres Gesetzes ergibt sich aus dessen Inhalt und dem Umstande, daß ein Teil desselben Vorschriften des PStGB. ersetzt. (Liszt 184, Olshausen § 286 N. 11; Frank § 286 N. IV; BayObLG. 9, 285; a. M. Rönnberg I, 339.) Grundsätzlich steht das Reichsgericht auf demselben Boden (RGSt. 27, 32, 45, 394). Allein bezüglich des Spielens in verbotenen Lotterien hat es ausgesprochen: Ein fahrlässiges Zuwiderhandeln durch unterlassene Information über die unterstellte Genehmigung der fraglichen Lotterie in Preußen ist nicht mit Strafe bedroht (RGSt. 4, 251; ähnlich RG. in GoltdArch. 40, 73).

b) Irrtum nach § 59 StGB.

Der Tatbestand des strafbaren Spielens in einer auswärtigen, nicht zugelassenen Lotterie wird nicht schon durch die Unkenntnis davon, ob eine Zulassung erfolgt ist, ausgeschlossen; denn das ist nichts weiter als das Nichtwissen von einem sonstigen nicht vorhandenen Strafausschließungsgrunde und rechtlich bedeutungslos. Zur Straflosigkeit ist, vielmehr der positive, wenn auch irrtümliche Glaube erforderlich, daß die Lotterie wirklich zugelassen ist (RGSt. 11, 108; 28, 418).

Weitergehend, aber nicht zutreffend ist BayObLG. 9, 296; der Irrtum darüber, ob es sich um eine in Bayern nicht zugelassene Lotterie handelt, ist ein Irrtum über einen strafrechtlichen Begriff und darum nicht beachtlich.

11. Ob die wiederholte Verletzung des Art. 1 als fortgesetztes Vergehen zu qualifizieren ist oder nicht, ist Tatfrage; jedenfalls steht der Annahme eines fortgesetzten Vergehens kein gesetzliches Hindernis im Wege (Art. 15).

12. Die Teilnahme ist strafbar und zwar sowohl die Mittäterschaft wie auch die Anstiftung und die Beihilfe (§§ 47ff. StGB.). Mittäterschaft wird kaum in Frage kommen, da eine gemeinschaftliche Ausführungstätigkeit nicht gut gedacht werden kann (Rönnberg I, 350).

13. Welches ist der Begehungsort der Teilnahme? Die Frage ist sehr umstritten. Nach Liszt 138, Frank § 3 N. IV ist für jeden Teilnehmer Ort und Zeit seiner Willensbetätigung maßgebend, nach Olshausen § 3 N. 10 ist die Teilnahmehandlung sowohl am Orte der Willensbetätigung des Teilnehmers als auch da begangen, wo sie zur Wirksamkeit gelangte; nach RGSt. 11, 20; 19, 147; 25, 424 ist der Ort der Haupttat auch der Ort der Teilnahmehandlung. Unter Zugrundlegung dieser Auffassung ist also die außerhalb Bayerns begangene Teilnahmehandlung zu einem in Bayern begangenen Lotterievergehen nach bayrischem Rechte zu bestrafen.

14. Steht die Bestrafung auf Grund eines nicht bayerischen Gesetzes durch ein nicht bayerisches Gericht einem wegen derselben Tat in Bayern einzuleitenden Verfahren entgegen? (ne bis in idem.)

Nach RGSt. 29, 156; 32, 57 ist die Frage zu verneinen, denn die Wirksamkeit des Urteils eines Bundesstaates beschränkt sich auf die in dessen Gebiet verübten Handlungen; der zuerst aburteilende Richter war rechtlich gehindert, diejenigen Handlungen zu berücksichtigen, welche gegen das fremde Recht verstießen (a. M. Schiedermair 456, der darin eine Verletzung des Grundsatzes ne bis in idem erblickt).

15. Die Handlung des Art. 1 ist ein Vergehen (§ 1 Abs. 2 StGB.); die gleiche Handlung wurde bisher als Übertretung nach Art. 57 PStGB. geahndet. Die Strafart ist Geldstrafe; dieselbe wird für den Fall der Uneinbringlichkeit in Haftstrafe umgewandelt (§ 28 Abs. 2 StGB.): die Haftstrafe ist also nicht wahlweise neben der Geldstrafe zugelassen. Jedoch ist schon im Urteil der unbedingt verhängten Geldstrafe die eventuell eintretende Haftstrafe zu substituieren.

Der Mindestbetrag der Geldstrafe ist 3 Mark (§ 27 StGB.), der Höchstbetrag ist 600 Mark.

Die Geldstrafe ist gemäß § 29 StGB. in der Weise umzuwandeln, daß der Betrag von 3 bis 15 Mark einer eintägigen Haftstrafe gleich zu achten ist; die Haftstrafe darf jedoch die Dauer von 6 Wochen nicht überschreiten.

16. Die Strafen der Teilnehmer.

Für den Mittäter und den Anstifter gelten die gleichen Strafandrohungen wie für den Haupttäter; in concreto kann das Strafausmaß für beide ein verschiedenes sein (§§ 47, 48 StGB.); die Strafe des Gehilfen wird nach den Grundsätzen über die Bestrafung des Versuchs festgesetzt, sie kann also bis auf ein Viertel des Mindestbetrages der auf das vollendete Vergehen angedrohten Geldstrafe ermäßigt werden; der Strafrahmen ist sohin 3 Mark bis 150 Mark (§§ 49, 44 StGB.).

17. Die Strafverfolgung verjährt in 3 Jahren, beginnend mit dem Tage, an welchem die Handlung begangen ist (§ 67 StGB.).

Die Strafvollstreckung verjährt, wenn auf Geldstrafe von mehr als 150 Mark erkannt ist, in 5 Jahren, sonst in 2 Jahren, beginnend an dem Tage, an welchem das Urteil rechtskräftig geworden ist. (§ 70 StGB.).

18. Der Versuch ist nicht strafbar (§ 43 Abs. 2 StGB.).

19. Zuständig zur Aburteilung ist das Schöffengericht (§ 27 GVG.). Amtsrichterlicher Strafbefehl ist zulässig; die in demselben festgesetzte Strafe darf 150 Mark nicht übersteigen (§ 447 StPO.).

20. Können die Lose eingezogen werden? Die Frage ist zu verneinen (a. M. Rönnberg I, 358). Zunächst ist hervorzuheben, daß nach § 40 StGB. die Einziehung nur bei vorsätzlich begangenen Delikten zulässig ist und daß sie nicht ausgesprochen werden muß, sondern nur ausgesprochen werden kann.

Die Einziehungsmöglichkeit ist gegeben, wenn das Objekt im Eigentum des Thäters oder Teilnehmers steht und entweder durch das vorsätzliche Vergehen hervorgebracht oder zur Begehung desselben gebraucht oder bestimmt ist.

Das Los ist aber weder durch das verbotene Spielen hervorgebracht noch ist es dazu gebraucht oder bestimmt, wenigstens nicht vom Standpunkt des Spielers aus; das Spielen ist beendigt, schon bevor das Los erworben ist.

Auch unter Hinzuziehung des Art. 2, wonach allerdings das Los zur Begehung gebraucht wird, läßt sich die Einziehung in der Richtung gegen den Spieler nicht rechtfertigen. Denn die Handlung des Art. 2 ist keine Teilnahmehandlung zu Art. 1, sondern ein delictum sui generis. Die Einziehung kann übrigens nach der richtigen Ansicht nur gegen den Täter oder Teilnehmer ausgesprochen werden, gegen den das Urteil ergeht (Olshausen § 40 N. 13).

21. Übergangsfrage: War die Handlung unter der Herrschaft des Art. 57 PStGB. begangen, kommt sie aber erst unter der Geltungszeit des LottG. zur Aburteilung, so ist gemäß § 2 StGB. der Art. 57 PStGB. als das mildere Strafgesetz anzuwenden. Ein Beschwerderecht wegen Verletzung des § 2 StGB. ist nicht gegeben, wenn die ausgesprochene Strafe innerhalb des Rahmens des Art. 57 PStGB. sich bewegen würde. (BayObLG. 1, 286.)

Zusatz.

I. Die Zuständigkeit der Landesgesetzgebung gegenüber dem Reichsstrafrechte.

Nach § 2 des Einführungsgesetzes zum StGB. sind

der landesgesetzlichen Zuständigkeit diejenigen Materien entzogen, welche Gegenstand des Reichsstrafgesetzbuches sind. Eine Materie des StGB. ist dann anzunehmen, wenn eine zusammenhängende Gruppe von Rechtsverhältnissen zu einem Abschnitt zusammengefaßt ist und zwar in der Absicht, das ganze, in dieser Weise abgegrenzte Rechtsgebiet in erschöpfender und abschließender Weise zu regeln. (RGSt. 10, 227.)

Welche einzelne Materien Gegenstand der Reichsstrafgesetzgebung sind, ist in fast allen konkreten Fällen sehr umstritten.

Während die Rechtsprechung des Reichsgerichts (RGSt. 1, 219, 274; 11, 108; 28, 418; 33, 124; 36, 260; 39, 1) und des Bayr. Obersten Landesgerichtes (BayObLG. 1, 108, 203, 209, 397; 3, 359; 4, 133; 5, 83; vgl. auch OLG. Jena in GoltdArch. 48, 370) einheitlich verneint, daß das Lotteriewesen im StGB. geregelt ist, vielmehr ausspricht, daß lediglich die Materie der Veranstaltung einer Lotterie vom StGB. erfaßt ist, steht die Theorie überwiegend auf entgegengesetztem Standpunkte.

Der Praxis ist der Vorzug zu geben.

RGSt. 33, 124 führt aus: „Dem Gebiete der Materie" im Sinne des § 2 Abs. 1 EG. StGB. können je nach der Tendenz des Gesetzes weitere oder engere Grenzen gezogen sein: es bleibt mithin im Zweifel zu prüfen, innerhalb welcher Grenzen die einzelne Materie der Regelung im StGB. hat unterworfen werden sollen und unterworfen worden ist. Für die Entscheidung dieser Frage ist neben dem Inhalte der betreffenden Bestimmungen des StGB. selbst auch der Entstehungsgeschichte und insbesondere den amtlichen Motiven des Gesetzes die Bedeutung nicht zu versagen, wenngleich letztere an sich nicht dahin führen können, einer gesetzlichen Vorschrift einen anderen Sinn unterzulegen, als ihr nach dem Wortlaut und Zusammenhang des Gesetzes selbst zukommt. Aus dem Inhalt der §§ 284, 286, 360 Nr. 14 StGB. läßt sich die Absicht einer Regelung der Materie auch hinsichtlich der landesgesetzlichen Verbote des

Spielens in auswärtigen Lotterien um so weniger entnehmen, als die Vorschriften in den §§ 284—286 a. a. O. im Systeme des StGB. dem Gesichtspunkte des strafbaren Eigennutzes und damit des Schutzes privater Interessen unterstellt sind, während jene Verbote dem Schutze der steuerfiskalischen Interessen des Einzelstaates dienen. Die Motive zu § 281 des Entwurfes, jetzt § 286 des Gesetzes aber enthalten den ausdrücklichen Ausspruch: „Die Vorschriften über das Spielen in ausländischen Lotterien und das Kollektieren für dieselben werden durch § 281 nicht berührt.“ Das Wort ausländisch ist hier nicht im Sinne von außerdeutsch gebraucht.“

Die abweichende Meinung (Olshausen § 284 N. 6; Liszt 483; Theisen in GoltdArch. 49, 234 ff.; Brückmann in ZStW. 19, 628 ff.; Häußner 68 ff.; Rönnberg I, 480 ff.; Rheinstrom 12) stützt sich vor allem auf eine engere Auslegung des Begriffs Materie, des Wortes: ausländisch und eine andere Interpretation der Entstehungsgeschichte.

II. Die Zuständigkeit der Landesgesetzgebung gegenüber dem BGB. Auch hier steht die Rechtsprechung durchweg auf dem Standpunkt, daß die landesgesetzlichen Lotteriegesetze durch § 763 BGB. nicht berührt werden; die Theorie ist teilweise anderer Meinung. Doch muß die Kompetenz bejaht werden. Denn wie RGSt. 33, 196 ausführt, behandelt § 763 BGB. lediglich die zivilrechtliche Wirksamkeit des Lotterievertrages, indem er die „Verbindlichkeit“ desselben von der Erteilung der staatlichen Genehmigung abhängig macht. Damit ist eine Änderung der auf den fiskalischen Interessen der Einzelstaaten beruhenden Strafgesetze, welche das Spielen in auswärtigen Lotterien zum Gegenstande haben, nicht herbeigeführt, vielmehr den Kontrahenten nur der Einwand der Ungültigkeit des Lotterievertrages entzogen, sobald die Lotterie in dem betreffenden Einzelstaate genehmigt ist. § 134 BGB. selbst läßt die Möglichkeit des Nebeneinanderbestehens eines privatrechtlich gültigen Rechtsgeschäftes und eines gesetzlichen Verbotes offen. Auch allgemeinen Rechtsgrundsätzen widerspricht es nicht, daß unter besonderen Umständen die Vornahme zivilrechtlich gültiger Rechtsgeschäfte aus kriminalpolitischen, insbesondere gewerbepolizeilichen oder steuerlichen Gründen einer Strafe unterworfen wird. (RGSt. 33, 335; 39, 1; BayObLG. 1, 108, 397; KGJ. 20 C, 95; 21 C, 51; OLG. Jena in GoltdArch. 48, 370; Planck § 763 N. 7; Staudinger § 763 N. 6; RGRKomm. § 763 Anm. 4; Rönnberg I, 492 ff.; Häußner 77; Delius in DJZ. 4, 494 ff. u. a. m.); a. M. Oertmann § 763 Anm. 1; Brückmann in ZStW. 19, 694 ff.; Brunabend 45 ff.; Endemann in DJZ. 3, 51 ff. u. a. m.).

Die abweichende Meinung sieht einen unerträglichen Widerspruch darin, daß ein Rechtsgeschäft durch staatliche Genehmigung privatrechtliche Gültigkeit erlange, der Abschluß des Rechtsgeschäftes aber mit Strafe bedroht sei.

Art. 2.

Wer sich dem Verkauf oder der sonstigen Veräußerung eines Loses oder Losabschnitts einer in Bayern nicht zugelassenen Lotterie oder eines Anteils an einem solchen Lose oder Losabschnitt oder eines Bezugsscheins auf ein solches Los oder einen solchen Losabschnitt unterzieht, insbesondere wer ein Los, einen Abschnitt, einen Anteil oder einen Bezugschein dieser Art zum Erwerb anbietet oder zur Veräußerung bereit hält, wird mit Geldstrafe bis zu eintausend Mark bestraft. Die gleiche Strafe trifft denjenigen, welcher als Mittelsperson mitwirkt.

Handelt der Täter gewerbsmäßig mit Losen oder leistet er dabei gewerbsmäßig Hilfe, so wird er mit Geldstrafe von einhundert bis zu eintausendfünfhundert Mark bestraft. Die gleiche

Strafe tritt ein, wenn das Vergehen nach Absatz 1 dadurch begangen wird, daß ein Los, ein Losabschnitt, ein Anteilschein, ein Bezugsschein, ein Angebot, eine Anzeige oder ein Lotterieplan öffentlich ausgelegt, ausgestellt, ausgehängt, versendet oder ein Angebot, eine Anzeige oder ein Lotterieplan in eine in Bayern erscheinende Zeitung eingerückt oder sonstwie zur allgemeinen Kenntnis gebracht wird.

Anhalt § 4 Abs. 1 u. 2.
Baden § 3.
Braunschw. § 2 Abs. 1 und 2.
Bremen § 2 Abs. 1 u. 2.
Elsaß-Lothringen § 4 Abs. 1 und 2.
Hessen Art. 2 Abs. 1 u 2.
Lippe § 3 Abs. 1, 2 u. 3.
Lübeck § 2 Abs. 1 u. 2.
Mecklenbg.-Schw. § 2 Abs. 1 u 2.
Mecklenburg-Str. § 2 Abs. 1 u. 2.
Oldenbg. Art. 7 Abs. 1 und 2.
Preußen § 2 Abs. 1 u. 2.
Reuß ä. L. § 3 Abs. 1 u. 2.
Reuß j. L. § 2 Abs. 1 u. 2.
Sachs.-A. § 3 Abs. 1 u. 2.
Sachsen-K. u. G. § 3 Abs. 1 u. 2.
Sachsen-Mein. Art. 5 Abs. 1 u. 2.
Sachsen-W. § 6 Abs. 1 und 2.
Schaumburg-Lippe § 3 Abs. 1 u. 2.
Schwarzburg-R. § 2 Abs. 1 u. 2.
Schwarzburg-S. § 8 Abs. 1 u. 2.
Württemberg Art. 5 Abs. 1 u. 2.

Vorbemerkung. Der Art. 2 stellt in Abs. 1 den *gelegentlichen*, in Abs. 2 den *gewerbsmäßigen* Loshandel unter Strafe, er übernimmt neben dem Art. 9 den Art. 57a PStGB. und erweitert dessen Inhalt. Die vorerwähnten außerbayrischen Gesetze enthalten einen weiteren Absatz, der den Begriff der fortgesetzten Handlung ausschaltet; diese Frage ist in Art. 15 unseres Gesetzes generell geregelt.

Abs. 1.

Der gelegentliche Loshandel und die gelegentliche Mitwirkung als Mittelsperson.

1. Bestraft werden folgende nicht gewerbsmäßig und nicht öffentlich begangenen Handlungen: a) das sich dem Verkauf oder der sonstigen Veräußerung Unterziehen von Losen, Losabschnitten, Losanteilen, Losabschnittanteilen, Bezugsscheinen auf Lose oder Losabschnitte von nicht zugelassenen Lotterien; b) das zum Erwerbe Anbieten solcher Lose usw.; c) das Bereithalten solcher

Lose usw. zur Veräußerung; d) die Mitwirkung als Mittelsperson zu den Handlungen a—c.

2. Wer sich dem Verkaufe oder der sonstigen Veräußerung unterzieht, wird bestraft. Dem Verkauf ist jede sonstige Veräußerung d. i. jede rechtsgeschäftliche Veräußerung gleichgestellt, auch wenn sie unentgeltlich oder uneigennützig erfolgt, z. B. im Wege der Schenkung, im Wege der Versteigerung eines gepfändeten Loses durch den Gerichtsvollzieher (RGSt. 11, 108; 28, 418; Eichhorn 841; Rönnberg I 363).

3. Wer sich dem Verkaufe usw. unterzieht, nicht nur wer verkauft, wer das Geschäft zum Abschlusse bringt, sondern auch wer sich mit dem Verkaufe abgibt, wird bestraft. Diese schon nach dem preuß. Ges. vom 29. Juli 1885 herrschende Auslegung (KGJ. 7, 286; 10, 205; RGSt. 5, 375; 25, 232) wird jetzt zweifelsfrei dadurch, daß das Gesetz als Akte des Sichunterziehens insbesondere das Anbieten und Bereithalten bezeichnet.

4. Besonders hervorgehobene Unterarten der strafbaren Veräußerungstätigkeit sind die übrigens schon von der Rechtsprechung wiederholt als solche behandelten (KGJ. 7, 286; RGSt. 5, 375; 25, 232), aber immerhin auch als Versuchs- oder Vorbereitungshandlungen auffaßbaren Akte des

a) Anbieten zum Erwerb. Das Anbieten kann mündlich oder schriftlich erfolgen. Wird das Angebot schriftlich gemacht, so ist diese Handlung strafbar, auch wenn dem Schreiben das Los nicht beilag (KGJ. 7, 286); ebenso ist es unerheblich, ob das Los in die Hände des Adressaten gelangte oder etwa vor der Aushändigung beschlagnahmt wurde (KGJ. 10, 260; Eichhorn 840).

b) Bereithalten zur Veräußerung ist mehr als Feilbieten, das bisher schon als Veräußerungstätigkeit qualifiziert wurde (R. 6, 184; KGJ. 10, 265). Bereithalten ist das öffentliche oder geheime Halten von Losvorräten, die zum Absatz an beliebige Erwerber bestimmt sind (Eichhorn 839), ohne daß wie beim Feilbieten die Verkaufsabsicht kund gegeben zu werden braucht (Rönnberg I 366). In der Regel wird das Bereithalten gewerbsmäßig geschehen, allein es genügt schon ein einzelner gelegentlicher Fall (RGSt. 25, 231; 28, 97; KGJ. 16, 476; Eichhorn 839).

5. Wer als Mittelsperson mitwirkt, wird als Täter bestraft. Die Tätigkeit der Mittelsperson will das Gesetz als selbständige strafbare Handlung, nicht als Teilnahme an einem fremden Delikt betrachtet wissen. Deshalb sind insoweit die Grundsätze vom Versuch und von der Beihilfe nicht anwendbar (Begr. 9).

Es genügt, daß durch Mitteilung einer Mittelsperson über die Existenz und Chancen einer bestimmten Lotterie sowie über die Bezugsquelle und Bedingungen und Wege des Losabsatzes die Spiellust in demjenigen Kreise, an welchen sie sich richtet und an den sie gelangt, zu erregen unternommen wird. (RGSt. 5, 375; KGJ. 7, 286; 10, 266.)

Nicht notwendig ist, daß ein Verkauf aus Anlaß der entfalteten Tätigkeit wirklich stattgefunden hat (RGSt. 5, 375). Die Tätigkeit der Mittelsperson hat also nicht den akzessorischen Charakter der Beihilfe, so daß z. B. eine Bestrafung möglich ist, wenn etwa der Haupttäter auf Grund des § 59 StGB. und demzufolge auch der Gehilfe im Sinne des StGB. nicht bestraft wird. Aber nur „insoweit" kommen die Grundsätze über die Beihilfe nicht zur Anwendung; jede andere Gehilfentätigkeit ist nach dem StGB. zu beurteilen.

Unser Artikel erfaßt nicht etwa jede Mitwirkung, sondern nur die Mitwirkung als Mittelsperson. In der Rechtsprechung ist diese Unterscheidung durchwegs vernachlässigt. Ich übernehme in dieser Richtung die Darlegungen Rönnberg I 366 ff.: Mittelspersonen sind diejenigen, welche als selbständig handelnde Personen im Auftrage oder an Stelle desjenigen, der sich dem Verkaufe oder der sonstigen Veräußerung von Losen usw. unterzieht, Handlungen vornehmen, welche auf den Verkauf oder die sonstige Veräußerung, insbesondere auf das Anbieten zum Erwerb oder auf das Bereithalten zur Veräußerung gerichtet sind.

Der Mitwirkende ist hier zugleich nach außen hin der die Veräußerungsunterziehungshandlung Bewirkende, er wird aber nicht selbst als der Bewirkende, also als Veräußerungsunternehmer bestraft, weil er nicht mit dem animus domini negotii gehandelt hat.

Der Begriff: Mitwirken als Mittelsperson wurde in dem Bericht des Referenten der Kammer der Reichsräte, Graf Crailsheim, und in der Ausschußberatung eingehend erörtert.

Der Referent führte aus (Bericht 17): „Wer als Mittelsperson im Sinne des Abs. 1 anzusehen ist, hat beim Vollzuge des preußischen Gesetzes zu Zweifel Anlaß gegeben. Nach der strengen Ansicht würde darunter jede das Verkaufsgeschäft fördernde Tätigkeit fallen. Allein hierdurch würde der Strafbestimmung eine unnatürlich weite Ausdehnung gegeben und würden die Worte „als Mittelsperson" jede Bedeutung verlieren. Es dürfte aber kaum ein Zweifel sein, daß der gesetzliche Ausdruck „als Mittelsperson" in dem Sinne zu verstehen ist, wie er sich durch die Praxis bei Vollzug der preußischen Staatslotterie herausgebildet hat und in § 8 der Geschäftsanweisung für die preußischen Lotterieeinnehmer vom 1. Februar 1908 festgelegt ist. Hiernach ist dem Einnehmer die Annahme von Mittelspersonen gestattet, welche für ihn und auf seine Gefahr Lose verkaufen oder Bestellungen auf Lose entgegennehmen sowie die Aushändigung der Lose und alle Mitteilungen bewirken dürfen. Unter den Begriff der Mittelspersonen fallen daher Angestellte, welche eine selbständige, durch Vertretung vermittelnde Tätigkeit auszuüben haben, nicht etwa Personen, welche bloß mechanisch zu der strafbaren Handlung mitgewirkt haben."

Mit diesen Darlegungen stimmen unsere Ausführungen überein.

In der Sitzung des I. und II. Ausschusses der Kammer der Reichsräte vom 22. August 1912 (Prot. 10) bemerkte der Justizminister: „Wenn auch als Mittelsperson im Sinne des Entwurfes häufig oder in der Regel eine Mittelsperson im Sinne der Preußischen Geschäftsanweisung für die Lotterieeinnehmer erscheinen werde, so könnten doch auch andere Personen Mittelspersonen im Sinne des Entwurfs sein. Maßgebend seien die Umstände des Falles. Der Begriff „Mittelsperson" bestimme sich nicht darnach, in welcher Beziehung ihre Tätigkeit zu dem Losabsatze stehe. Eine Beförderung des Verkaufs von Losen einer nicht zugelassenen Lotterie könne schon darin gefunden werden, daß durch Mitteilung über das Bestehen und die Gewinnaussichten einer bestimmten Lotterie, sowie über die Bezugsquelle und die Bedingungen und Wege des Losabsatzes die Spiellust in demjenigen Kreise zu erregen unternommen werde, an welchen sich die Mitteilung wende, und an den sie gelange, und es sei nicht ausgeschlossen, daß auch derjenige, welcher eine solche Mitteilung vermittle, als Mittelsperson angesehen werde. So die Entscheidung des RGSt. Bd. 5 S. 376. Mittelsperson sei auch der, der für Verkaufsverhandlungen oder auch nur für Anregung der Kauflust tätig werde."

Der Wille des Gesetzgebers ist also etwas widerspruchsvoll.

Der einschlägige Teil des § 8 der in Bezug genommenen preuß. Geschäftsanweisung stimmt mit § 8 GA. fast wörtlich überein, dieser lautet: „Dem Einnehmer ist die private Annahme von Mittelspersonen unter der Bedingung gestattet, daß er ihnen eine angemessene Vergütung gewährt. Die Mittelspersonen dürfen für ihn und auf seine Gefahr Lose verkaufen oder Bestellungen auf Lose und auch Zahlungen entgegennehmen sowie die Aushändigung der Lose und Gewinne bewirken; über diese Befugnisse hinaus sind sie zur Vornahme von Dienstleistungen oder zum Abschluß von Rechtsgeschäften im Namen der Lotterieverwaltung oder des Einnehmers nicht ermächtigt .... Da die Mittelspersonen die Lose nur im Auftrage und für Rechnung des Einnehmers zu verkaufen haben, so haben sie ...."

6. Keine Mittelspersonen sind nach unserer Begriffsbestimmung diejenigen, welche nicht im Auftrage oder an Stelle des Täters handeln oder welche nur eine mechanische Tätigkeit entwickeln, z. B. der verantwortliche Redakteur einer Zeitung, die ein Inserat mit dem Angebot nicht zugelassener Lose bringt, der Austräger einer solchen Zeitung, der Inhaber eines Annoncenbüreaus, der die Aufnahme solcher Inserate vermittelt, die Adressenschreiber, Hausdiener, Boten, meist auch die Handlungslehrlinge eines Kollekteurs.

Dagegen sind Mittelspersonen die Agenten, Unterhändler, Prokuristen, Handlungsgehilfen.

7. Die Rechtsprechung, ferner Delius 22, Groschuff 110, Eichhorn 840 fassen den Begriff Mittelsperson viel weiter; die Rechtsprechung ist hier angeführt, auch soweit sie sich auf Abs. 2 (öffentliche Begehung durch eine Mittelsperson) bezieht.

a) Wer im Gegensatz zu dem Geschäfte derjenigen, welche sich dem Verkaufe von Losen unterziehen, zwischen dem eigentlichen Verkäufer und dem Publikum stehend im Interesse des Verkaufes tätig sind und irgendwelche Handlungen vornehmen, welche geeignet sind, das Verkaufsgeschäft zu fördern und ihm Vorschub zu leisten (Oppenhoff 15, 638; Delius 22), ist Mittelsperson.

b) Auf das größere oder geringere Maß der Tätigkeit kommt es nicht an (Oppenhoff 14, 527; Delius 22).

c) Es ist nicht erforderlich, daß ein Verkauf aus Anlaß der entfalteten Tätigkeit stattgefunden hat (RGSt. 5, 375) oder daß es auch nur zu einer zivilrechtlich gültigen Offerte gekommen ist (Delius 22).

d) Der Redakteur einer im Inland erscheinenden Zeitung, welche ein Inserat bringt, das geeignet ist, den Verkauf verbotener Lose zu befördern, ist als Mittelsperson strafbar, ohne daß es darauf ankommt, daß er die Absicht der Beförderung gehabt und daß der Einsender des Inserats nachgewiesen ist (Oppenhoff 17, 94; RGSt. 5, 314; Delius 23).

e) Der Inhaber eines Annoncenbureaus, welcher

vom Lotterieauslande her die Einrückung der eine verbotene Lotterie betreffende Annonce in eine inländische Zeitung vermittelt, ist strafbare Mittelsperson, gleichgültig, ob der Redakteur der betreffenden Zeitung preßgesetzlich verantwortlich ist oder nicht. (RGSt. 5, 375; Delius 23.)

f) Der Redakteur einer in Preußen erscheinenden Zeitung, welcher eine außerhalb Preußens erschienene, eine solche Annonce enthaltende Zeitung mit seiner inländischen Zeitung als Beilage verbreitet hatte und

g) der Redakteur jener außerpreußischen Zeitung selbst, dieser wegen Verbreitung seiner Zeitung als Beilage zu der preußischen Zeitung wurden als Mittelspersonen bestraft (RGSt. 5, 314; R. 5, 82). Straffrei würde der Redakteur nur sein, wenn festgestellt würde, daß das Beilegen nicht auf ein schuldbares Tun des Redakteurs, sondern auf Handlungen zurückzuführen wäre, die weder ein vorsätzliches noch ein fahrlässiges Verhalten desselben ergäben (R. 5, 82; Groschuff 111).

Abs. 2.

Der gewerbsmäßige Loshandel, die gewerbsmäßige Beihilfe zum gewerbsmäßigen Loshandel und der öffentlich begangene Loshandel.

8. Das Verhältnis des Abs. 2 zum Abs. 1: Der Abs. 2 stellt nicht den Tatbestand eines neuen vom Abs. 1 abweichenden Vergehens dar, sondern er stellt nur besondere Begehungsformen des Vergehens aus Abs. 1 unter erhöhte Strafe. Sohin erfordert die Bestrafung aus Abs. 2 die Erfüllung des Tatbestandes des Abs. 1. (Rönnberg I, 376.)

9. Wer gewerbsmäßig den Loshandel betreibt. Nicht erforderlich ist, daß gerade der Handel mit verbotenen Losen gewerbsmäßig betrieben wird, es genügt, daß der Täter überhaupt den Loshandel gewerbsmäßig betreibt und die Verkaufsunterziehungshandlung eines verbotenen Loses begeht. Das ergibt sich schon aus unserem Gesetzestext, der nicht besagt: bestraft wird, wer sich der Handlung des Abs. 1 unterzieht, sondern der besagt: Der Täter aus Abs. 1, der gewerbsmäßig mit Losen handelt, wird bestraft. Deutlicher ist dies im Texte des preußischen Gesetzes und den diesem wörtlich folgenden Gesetzen ausgedrückt: „Ist die Zuwiderhandlung durch eine Person begangen, welche Losehandel gewerbsmäßig betreibt oder bei ihm gewerbsmäßig Hilfe leistet usw.“

10. Gewerbsmäßig ist diejenige Tätigkeit, welche auf Erwerb gerichtet ist, berufsmäßig ausgeübt wird, fortgesetzt entfaltet wird oder fortgesetzt werden will. Eine einzelne Erwerbshandlung ist eine gewerbsmäßige, wenn die Handlung zugleich von dem Entschlusse begleitet ist, die Erwerbshandlung zu wiederholen. Dieser Wille braucht nicht kundgegeben zu sein; auch braucht nicht ein dauernder Geschäftsbetrieb beabsichtigt zu sein. Endlich ist nicht erforderlich, daß der Loshandel der ausschließliche Gewerbebetrieb ist. (Landmann I, 42 ff.)

Gewerbsmäßig handelt nicht nur, wer Gewinn unmittelbar aus dem Verkaufe der Lose erzielt, sondern auch, wer damit einen mittelbaren Gewinn macht, so durch Festhalten von Kunden für andere Waren z. B. Zigarren (KGJ. 28C, 32; Schiedermair 431).

11. Wer gewerbsmäßig Hilfe leistet und zwar „dabei“, nämlich bei dem Losgewerbe; das preuß. Gesetz sagt wieder etwas deutlicher „bei ihm“. Die Hilfe braucht sohin nicht bei dem verbotenen Loshandel gewerbsmäßig geleistet zu sein, es genügt eine gewerbsmäßige Hilfeleistung bei dem Losgewerbe überhaupt. Damit sind vor allem die Angestellten des Loshändlers getroffen, weil außerdem Schiebungen nicht zu vermeiden wären. (Begr. 9.)

12. Wer gewerbsmäßig Hilfe leistet, d. i. der Gehilfe im Sinne des § 49 StGB. Beihilfe ist die vorsätzliche Unterstützung eines fremden Vergehens durch Rat oder Tat. Der Gehilfe ist straflos, wenn der objektive oder subjektive Tatbestand der Haupttat nicht erfüllt ist oder wenn für den Täter Schuldausschließungsgründe vorliegen.

13. Haupttäter ist derjenige, der die Leitung des Geschäftes hat, nicht notwendig ist, daß er der Eigentümer oder sonstige Inhaber des Gewerbebetriebs ist oder daß ihm der wirtschaftliche Erfolg des Geschäftes zufällt (RGSt. 4, 182; Rönnberg I, 395).

14. Fällt der Lotterieunternehmer als solcher selbst unter Art. 2? Nein; denn der Unternehmer ist der Veranstalter; die Tätigkeit des Veranstalters ist aber in § 286 StGB. erschöpfend geregelt.

Doch ist zu beachten, welche Akte die Veranstaltung darstellen: dazu gehört der Betrieb der Lotterie, aber nicht der Vertrieb der Lose (Olshausen § 286 N. 8).

Vertreibt aber der Veranstalter auch die Lose, so verstößt er in Realkonkurrenz gegen § 286 StGB. und gegen Art. 2 unseres Gesetzes. Nach Rönnberg I, 363 gehört der Loseverkauf zu der Veranstaltungstätigkeit.

Veranstalter ist nicht der Prokurist einer Firma; dieser ist vielmehr Gehilfe zu § 286 StGB. oder Gehilfe zu Art. 2 (Rönnberg I, 111; a. M. StGB. 34, 447).

15. Die öffentliche Begehungsform und das Versenden von Losen sind der gewerbsmäßigen Begehung gleichgestellt. Auch hier ist die Voraussetzung, daß der Tatbestand des Abs. 1 erfüllt ist.

Unter den in Abs. 2 Satz 2 aufgezählten Begehungsformen will das Gesetz jegliche Art von Ausstellen, Aushängen, Anschlagen, Anheften, Ankleben oder sonstigem Anbringen in Läden, Schaufenstern, Geschäfts- oder Wirtschaftsräumen, an Plakatsäulen oder an anderen allgemein oder einem größeren Personenkreise zugänglichen oder sichtbaren Orten verstanden wissen. Zu diesem Zwecke ist am Schlusse noch die Generalklausel beigefügt: „oder sonstwie zur allgemeinen Kenntnis gebracht wird". (Begr. 9.)

16. Zum Begriff des Versendens ist nicht erforderlich, daß das Los usw. in die Hände des Adressaten gelangt ist, ebensowenig wie nach Art. 57a PStGB. die Einladung zur Kenntnis des Eingeladenen gekommen zu sein brauchte (BayObLG. 1, 203; KGJ. 10, 266; a. M. Rönnberg I, 380). Darum tritt die Wirkung des

Versendens nicht erst dadurch ein, daß der Adressat in den Besitz des Loses gelangt ist (a. M. Rönnberg I, 411; KGJ. 16, 477). Immerhin ist die Handlung des Versendens auch dort begangen, wo das Los usw. angelangt ist, da dieser Akt ein einheitliches Ganze mit der körperlichen Betätigung des Handelnden bildet (R. 6, 183, Delius 20; Groschuf 111). Wenn zwischen einem nicht preußischen Kollekteur und einem Nichtpreußen außerhalb Preußens ein Kaufvertrag über in Preußen verbotene Lose rechtsgültig geschlossen ist und der erstere in Erfüllung dieses Vertrages die verkauften Lose in seinem Wohnorte zur Post gibt, damit sie an den inzwischen nach Preußen gereisten Abnehmer gelangen, so unterzieht sich derselbe dem Verkauf verbotener Lose in Preußen (KG. in Annalen des RG. 9, 12; R. 5, 704; Delius 20; a. M. Rönnberg I, 377ff. auf Grund der Entstehungsgeschichte, weil keine auf den Verkauf gerichtete Handlung, sondern Erfüllung des schon abgeschlossenen Verkaufs vorliege).

Strafbar ist auch das Versenden eines verbotenen Loses vom Inland ins Ausland (KGJ. 6, 296; Rönnberg I, 381).

17. Das Einrücken in einer in Bayern erscheinenden Zeitung ist strafbar. Der Erscheinungsort ist der Ort, an dem die Zeitung tatsächlich erscheint (Verlagsort). Der auf der Zeitung angegebene Verlagsort ist nicht notwendig auch der Erscheinungsort; dieser ist vielmehr der Ort der geschäftlichen Niederlassung des Verlegers (Schwarze-Appelius 206).

Für Beilagen einer Zeitung gilt mit Schwarze-Appelius 207 folgendes:

„a) Es ist eine selbständige Druckschrift aus einem anderen Verlage unter Wahrung ihrer Selbständigkeit einer anderen bei der Verbreitung beigelegt, dann hat die beigelegte Druckschrift ihren selbständigen Erscheinungsort behalten. Der verantwortliche Redakteur und der Verleger des Hauptblatts, welche die Beilegung veranlaßt haben, werden strafrechtlich regelmäßig als selbständige Verbreiter in Betracht kommen.

b) Es ist eine Druckschrift beigelegt aus einem anderen Verlage, die nur als Beilage für das Hauptblatt gedruckt und als solche bezeichnet ist. Dann ist der Erscheinungsort des Hauptblattes auch zugleich der der Beilage.

c) Es ist eine selbständige Druckschrift beigelegt, die aber als Beilage zum Bestandteil des Hauptblatts geworden ist. Eine solche Beilage hat ihren selbständigen Erscheinungsort da, wo die Geschäftsstelle ihres Verlages ist. Soweit die Druckschrift aber als Beilage wirklich Bestandteil eines Hauptblatts geworden, muß sie notwendig insoweit auch den Erscheinungsort des Hauptblatts teilen."

18. Das Einrücken in eine außerhalb Bayerns erscheinende, aber in Bayern verbreitete Zeitung ist nicht strafbar (R. 6, 183; Delius 23; Rönnberg I, 383 ff.).

Denn das normale Gelangen der außerbayerischen Zeitung an bayerische Leser ist kein neuer Verkaufsunterziehungsakt. Anders natürlich, wenn eine neue Tätigkeit für die Verbreitung der außerbayerischen Zeitung aufgewendet wird; das ist aber nicht mehr das Einrücken, sondern die Tätigkeit des Versendens (Delius 24, Rönnberg I, 390, a. M. Schiedermair 333, der meint, die in Bayern erscheinenden Zeitungen seien nur beispielsweise hervorgehoben. Das ist irrtümlich: unter den Beispielen finden sich allerdings auch die bayerischen Zeitungen; aber für die Begehungsform durch die Zeitung ist nur die eine angeführte und nicht beispielsweise erwähnt; höchstens die Schlußformel ließe sich für die bekämpfte Meinung verwenden; denn „sonstwie zur allgemeinen Kenntnis bringen" könnte auch auf eine andere Begehungsform durch die Zeitung hinweisen, nämlich durch Einrücken in eine außerbayerische Zeitung. Dem ist aber entgegenzuhalten, daß die Strafgewalt des bayerischen Gesetzgebers sich nur auf in Bayern begangene Handlungen erstreckt und daß die „Materie" des Einrückens durch die gewählten Worte erschöpfend geregelt ist, endlich ist unsere Vorschrift aus dem preußischen Gesetze vom 29. August 1904 übernommen, das nach der vorerwähnten Reichsgerichtsentscheidung (R. 6, 183) erlassen wurde, ohne daß in der Begründung etwas gegen dieselbe erinnert wurde).

19. Das Einrücken in eine in Bayern erscheinende Zeitung ist strafbar. Fallen auch Zeitschriften darunter? Das Preßgesetz unterscheidet zwischen Zeitung und Zeitschrift (§ 7; Schwarze-Appelius 43 ff.). Der Wortlaut des Artikels spricht gegen das Verbot für Zeitschriften; allein der Zweck des Gesetzes zwingt zur Bejahung der Frage (KGJ. 32 C, 57; Schiedermair 333).

20. In diesem Zusammenhang ist die strafrechtliche Haftung des verantwortlichen Redakteurs, des Verlegers, Druckers und Verbreiters einer Druckschrift zu erörtern. Mittelspersonen im Sinne des Abs. 1 sind sie nicht: das haben wir schon in Übereinstimmung mit Rönnberg und abweichend von der herrschenden Meinung ausgeführt. Ihre Strafbarkeit kommt soweit in Betracht, als sie sich auf §§ 20, 21 PreßG. stützt.

Die Strafbarkeit muß durch den Inhalt der Druckschrift begründet sein (§ 20 PreßG.). Strafbar ist nach unserem Artikel das Einrücken in eine in Bayern erscheinende Zeitung. Täter kann demnach nur der Redakteur, Verleger usw. einer bayerischen Zeitung sein. Nach § 20 PreßG. ist der verantwortliche Redakteur als Täter zu bestrafen und zwar neben dem Haupttäter, wenn nicht durch besondere Umstände die Annahme seiner Täterschaft ausgeschlossen wird (vgl. hiezu Schwarze-Appelius 141 ff.). Je nach der Qualifikation der Handlung des Veröffentlichers ist der Redakteur als Begeher der Verkaufsunterziehungshandlung, als Mittelsperson oder als Gehilfe zu bestrafen (Rönnberg I, 398).

Nach § 21 PreßG. sind, soferne der Inhalt einer Druckschrift den Tatbestand einer strafbaren Handlung begründet, die vorbenannten Personen, soweit sie nicht nach § 20 als Täter oder Teilnehmer zu bestrafen sind, wegen Fahrlässigkeit mit Geldstrafe bis zu 1000 Mark oder mit Haft oder mit Festungshaft oder Gefängnis bis zu 1 Jahre zu belegen, wenn sie nicht die Anwendung der pflichtgemäßen Sorgfalt oder Umstände nachweisen, welche diese Anwendung unmöglich gemacht haben. Die Bestrafung bleibt jedoch für jede der genannten Personen ausgeschlossen, wenn sie als den Verfasser oder den Einsender, mit dessen Einwilligung die Veröffentlichung geschehen ist, oder wenn es sich um eine nichtperiodische Druckschrift handelt, als den Herausgeber derselben oder als einen der in obiger Reihenfolge vor ihr Benannten eine Person bis zur Verkündigung des ersten Urteils nachweist, welche in dem Bereich der richterlichen Gewalt eines deutschen Bundesstaats sich befindet, oder falls sie verstorben ist, sich zur Zeit der Veröffentlichung befunden hat; hinsichtlich des Verbreiters ausländischer Druckschriften außerdem, wenn ihm dieselben im Wege des Buchhandels zugekommen sind.

Ob hier eine fahrlässige Begehung des in dem Inhalt der Druckschrift begründeten Deliktes konstruiert und somit der Tatbestand über die Vorschriften des jenes Delikt bedrohenden Strafgesetzes hinaus auf die fahrlässige Begehung desselben ausgedehnt wird (Liszt 187) oder ob außerhalb des Rahmens der allgemeinen Strafgesetze ein neues, dem Preßrecht eigentümliches und auf die Fälle des § 21 PreßG. beschränktes Delikt geschaffen wird, indem man die Fahrlässigkeit in der Herstellung bzw. Verbreitung einer Druckschrift erblickt, welche einen strafbaren Inhalt enthält, dessenungeachtet aber von dem Angeschuldigten hergestellt bzw. verbreitet wurde (v. Schwarze-Appelius 174 ff.; RGSt. 10, 293; 13, 319; 18, 293; 32, 220), ist natürlich für die strafrechtliche Beurteilung von großer Bedeutung.

21. Die Objekte der strafbaren Handlung sind Lose, Losabschnitte, Anteile an Losen oder Losabschnitten, Bezugsscheine auf Lose oder Losabschnitte von in Bayern nicht zugelassenen Lotterien.

Los ist eine selbständige Sache, die unabhängig von der Gewinnermittlung den Spielern zugänglich gemacht wird, aber doch zur Ermittelung des Gewinnes dient; daß das Los als solches bezeichnet wird, ist nicht erforderlich und umgekehrt wird eine Sache nicht dadurch zum Lose, daß sie als solche bezeichnet ist (Frank § 286 Anm. III; RGSt. 12, 388).

Losabschnitte sind im Gegensatz zu dem ganzen Stück des Loses Teilabschnitte, also halbe Lose, Viertellose, Achtellose, in denen die Lose ausgefertigt werden (Rönnberg I, 184), nach RGSt. 37, 50; 39, 49 auch Bruchteile, ideelle Miteigentumsanteile von Losabschnitten).

Anteile an einem Los oder Losabschnitt oder Anteilscheine sind „Urkunden, durch welche Anteile an Losen oder Losabschnitten zum Eigentum oder zum Gewinnbezug übertragen werden" (Art. 7), also entweder Bruchteile oder ideelle Miteigentumsanteile oder persönliche Ansprüche gegen den Lotterieunternehmer, nicht aber gegen den Veranstalter (Rönnberg II, 65). Hierdurch wird vor allem das simulierte Gesellschaftsspiel getroffen, wenn dabei der Unternehmer bezügliche Urkunden ausstellt (Ungedr. Entsch. d. RG. bei Groschuff 114).

Werden aber die Lose für die Gesellschaft erworben und haben die Mitglieder nur Anteil am Gesellschaftsvermögen und Recht auf Gewinnverteilung, so fällt dieser Vorgang nicht unter Art. 2 (RGSt. 39, 49; Rönnberg II, 65).

Bezugsscheine auf ein Los oder Losabschnitt sind Urkunden, durch welche der obligatorische Anspruch auf Verschaffung eines Loses oder Losabschnittes begründet wird.

22. Wer die Verkaufsunterziehungshandlung begeht, ist strafbar. Über das Territorialitätsprinzip s. Art. 1 N. 7.

Der Vertrieb von Losen außerpreußischer Lotterien ist allgemein den dem LottG. territorial Unterworfenen untersagt, mithin auch in der Ausdehnung, daß es den Inländern verboten ist, einen solchen Verkauf für Ausländer zu vermitteln (GoltdArch. 3, 255; KGJ. 6, 296; Delius 23).

23. Über Begehungsort und Begehungszeit s. Art. 1 N. 8 und 9.

24. Zur Schuldform (Vorsatz und Fahrlässigkeit) s. Art. 1 N. 10. Die Straferhöhungsgründe des Abs. 2 sind Tatbestandsmerkmale, die der Vorsatz des Täters mitumfassen muß (Rönnberg I, 405).

25. Der Begriff des fortgesetzten Deliktes ist ausgeschaltet (Art. 15); damit ist auch der Anwendung des Satzes ne bis in idem der Boden entzogen.

26. Über Teilnahme s. Art. 1 N. 12, 13 und 16.

27. Die Handlung des Art. 2 ist ein Vergehen (§ 1 Abs. 2 StGB.). Die Strafart ist Geldstrafe für Abs. 1 von 3 Mark bis 1000 Mark, für Abs. 2 von 100 Mark bis 1500 Mark. Die Geldstrafe kann im Falle der Uneinbringlichkeit in Haft- oder Gefängnisstrafe umgewandelt werden; in Haftstrafe nur dann, wenn die anerkannte Strafe nicht den Betrag von 600 Mark und die an ihre Stelle tretende Freiheitsstrafe nicht die Dauer von 6 Wochen übersteigt (§ 28 Abs. 2 StGB.). Bei der Umwandlung ist der Betrag von 3 Mark bis zu 15 Mark einer eintägigen Freiheitsstrafe gleichzusetzen; der Höchstbetrag der Haftstrafe ist 6 Wochen (§ 29 StGB.), der Gefängnisstrafe 1 Jahr.

Bezüglich der Umwandlung bei einer Mehrheit von Zuwiderhandlungen s. Art. 15.

28. Bezüglich der Verjährung der Strafverfolgung und Strafvollstreckung s. Art. 1 N. 17.

Für die Verfolgung von Preßvergehen gilt die sechsmonatige Verjährungsfrist (§ 22 PreßG.), soferne die Strafbarkeit durch den Inhalt der Druckschrift begründet ist, also durch das Einrücken in eine Zeitung; nicht als Preßvergehen gilt das Versenden von gedruckten Angeboten (Zirkularen, Prospekten usw.) s. unten N. 31).

Die Verjährung der Strafvollstreckung bei Preßvergehen richtet sich nach den allgemeinen Vorschriften des StGB.

29. Der Versuch ist nicht strafbar (§ 43 Abs. 2 StGB.).

30. Zuständig zur Aburteilung ist das Landgericht (§ 72 GVG.); Überweisung an das Schöffengericht ist zulässig (§ 75 Z. 14 GVG.).

Wird das Vergehen durch die **Presse** begangen (s. unten N. 31), sind die Schwurgerichte zuständig (Art. 35 AG. GVG.). Der Entwurf hatte die Beseitigung der schwurgerichtlichen Zuständigkeit vorgesehen; die Kammer der Abgeordneten legte aber „aus prinzipiellen Rücksichten" auf die Zuständigkeit der Schwurgerichte ein nach der Meinung des Justizministers (Prot. d. I. u. II. Aussch. der Kammer der Reichsräte 13) „hier nicht recht verständliches Gewicht". Andere Rechtsfragen aus dem LottG. scheinen — im Gegensatz zu der Kammer der Reichsräte — in der Kammer der Abgeordneten nicht erörtert worden zu sein.

31. Der **Gerichtsstand** kann nur zu Zweifel Anlaß geben bei dem durch Druckschriften begangenen Vergehen. Soweit die eigentliche Presse in Betracht kommt, sind die Schwierigkeiten beseitigt, weil lediglich in Bayern erscheinende Zeitungen in Frage stehen; das zuständige Gericht ist nach § 7 Abs. 2 StPO. das Gericht des Erscheinungsortes. Doch findet diese Bestimmung keine Anwendung für Lotteriepläne, Prospekte u. ähnl.; denn solche Drucksachen bestehen „in einer Darlegung angeblicher Vorzüge des angepriesenen Lotterieunternehmens, einem Gewinnplan, mehreren Losbestellzetteln" usw.: sie enthalten nicht entfernt den Niederschlag eines Gedankens, dessen Äußerung für sich allein betrachtet von strafrechtlichem Belang hätte sein können. Nicht der Inhalt jener Drucksachen war und ist strafbar, sondern nur ihre Vorlegung an andere innerhalb solcher Bundesstaaten, in denen die angepriesene Lotterie staatliche Genehmigung nicht erhalten hatte, oder anders ausgedrückt, ihre Einführung in einen ihnen gesetzlich verschlossenen Bundesstaat". (RGSt. 36, 270; a. M. Rönnberg I, 413 ff.)

32. **Einziehung** nach § 40 StGB. ist zulässig (RGSt. 1, 219).

Nach § 41 StGB. ist auch die **Unbrauchbarmachung** bei Preßvergehen auszusprechen. Bei diesen ist auch das objektive Verfahren nach § 42 StGB. zulässig.

33. Übergangsfragen.

a) Ist die Handlung vor Inkrafttreten des LottG. begangen und nach früherem Rechte nicht strafbar, so kann sie auch jetzt nicht bestraft werden.

Maßgebend ist aber allein der Abschluß der Handlung, denn erst damit ist die Begehung vollendet, vorher war nur ihr Anfang gemacht. Die Anwendung des LottG. wird sonach begründet, wenn die vorher vorgenommenen Akte strafrechtlich unselbständig waren und mit der letzten Handlung eine einheitliche Tat bilden (RGSt. 43, 355; 44, 273; BayObLG. 11, 421).

b) Die Frage der Gewerbsmäßigkeit kann auch aus solchen Handlungen, welche in der Zeit vor der Gesetzeskraft des LottG. geschehen sind, geschlossen werden (RGSt. 5, 369).

c) Wenn der Tatbestand aus einer Mehrheit von Akten sich zusammensetzt und ein Teil derselben in eine Zeit fällt, in welcher das mildere Strafgesetz galt, ist gleichwohl die Strafe lediglich nach demjenigen, wenn auch härteren Strafgesetze zu bestimmen, unter dessen Herrschaft die die Straftat vollendete Handlung stattgefunden hat. Denn dieses Strafgesetz erscheint als dasjenige, unter dessen Herrschaft die als eine Einheit aufzufassende strafbare Handlung begangen ist (RGSt. 2, 338; 44, 273).

Zusatz.

I. Auch die Kompetenz der Landesstrafgesetzgebung zu Verboten im Sinne des Art. 2 wird von der Theorie in Zweifel gezogen (Rönnberg I, 480 ff.) und zwar im wesentlichen aus dem gleichen Grunde wie bei Art. 1 (s. Art. 1 Zusatz I).

II. Verhältnis zur Reichsgewerbeordnung. Die GewO. proklamiert in § 1 das Prinzip der Gewerbefreiheit. Nach § 6 findet aber die GewO. auf den Vertrieb von Lotterielosen nur insoweit Anwendung, als dieselbe ausdrückliche Bestimmungen darüber enthält. Diese Bestimmungen finden sich in §§ 35, 56 Abs. 2 Ziff. 5, 56a Ziff. 2 und § 148 Abs. 1 Ziff. 4 und

7a (s. Anl. 4) und betreffen die Untersagung des Handels mit Losen von Lotterien und Ausspielungen oder mit Bezugs- oder Anteilsscheinen auf solche Lose wegen Unzuverlässigkeit des Gewerbetreibenden (§ 35), das Verbot des Ankaufs oder Feilbietens von Lotterielosen, Bezugs- und Anteilscheinen auf Lotterielose im Umherziehen, das Verbot des Gewerbebetriebs im Umherziehen zwecks Aufsuchen von Bestellungen von Lotterielosen und Bezugs- und Anteilscheinen auf Lotterielose. – Im übrigen ist die Landesgesetzgebung auf diesem Gebiete unbeschränkt; sie kann den Vertrieb von einer Konzession abhängig machen oder noch weiter beschränken oder verbieten. (Landmann § 6 N. 16; RGSt. 40, 368.)

Art. 3.

Wer nach einer rechtskräftigen Verurteilung wegen Vergehens gegen Artikel 2 abermals dieser Vorschrift zuwiderhandelt, wird in den Fällen des Abs. 1 mit Geldstrafe von einhundert bis zu eintausendfünfhundert Mark, in den Fällen des Absatzes 2 mit Geldstrafe von zweihundert bis zu dreitausend Mark bestraft.

Anhalt § 5 u. § 6.
Baden § 4 Abs. 1 u. 2.
Braunschw. § 3 u. § 4.
Bremen § 3 u. § 4.
Elsaß-Loth. § 5 Abs. 1 u. 2.
Hessen Art. 3 u. 4.
Lippe § 4 u. § 5.
Lübeck § 3 u. § 4.
Mecklenburg-Sch. § 3 u. § 4.
Mecklenburg-Str. § 3 u. § 4.
Oldenburg Art. 8.
Preußen § 3 u. § 4.
Reuß ä. L. § 4 u. § 5.
Reuß j. L. § 3 u. § 4.
Sachsen-A. § 4 u. § 5.
Sachs.-K. u. G. § 4 u. § 5.
Sachsen M. Art. 6 u. 7.
Sachsen-W. § 7 Abs. 1 und 2.
Schaumbg.-L. § 4 u. § 5.
Schwarzbg.-R. § 3 u. § 4.
Schwarzbg. S. § 4 u. § 5.
Württemberg Art. 6 Abs. 1 u. 2.

Art. 4.

Die Vorschriften des Artikel 3 finden Anwendung, auch wenn die frühere Geldstrafe noch nicht oder nur teilweise gezahlt oder ganz oder teilweise erlassen ist; sie bleiben jedoch ausgeschlossen, wenn seit der Zahlung oder dem Erlasse der früheren Geldstrafe oder seit der Verbüßung der an ihre Stelle getretenen Freiheitsstrafe oder seit der Verjährung der Strafvollstreckung bis zur Begehung der neuen Tat drei Jahre verflossen sind.

Anhalt § 7.	Mecklenburg-Sch. § 5.	Sachsen-Mein. Art. 8.
Baden § 4 Abs. 3.	Mecklenburg-Str. § 5.	Sachsen-W. § 7 Abs. 3.
Braunschweig § 5.	Oldenburg Art. 9.	Schaumburg-L. § 6.
Bremen § 5.	Preußen § 5.	Schwarzbg.-R. § 5.
Elsaß-L. § 5 Abs. 3.	Reuß ä. L. § 6.	Schwarzbg.-S. § 6.
Hessen Art. 5.	Reuß j. L. § 5.	Württemberg Art. 6 Abs. 3.
Lippe § 6.	Sachsen-Altenbg. § 6.	
Lübeck § 5.	Sachsen-K. u. G. § 6.	

Vorbemerkung. Die Art. 3 und 4 behandeln den Rückfall. Sie weichen zwar von den §§ 3 und 5 des preuß. Ges. vom 29. August 1904 insofern ab, als sie zwischen dem ersten und dem weiteren Rückfall nicht unterscheiden, nur einen Strafrahmen vorsehen und den Rückfall auch ausschließen, wenn seit der Verjährung der Vollstreckung der früheren Strafe bis zur Begehung der neuen Tat drei Jahre verflossen sind. Diese Regelung stimmt aber mit den Vorschriften überein, welche das preuß. Ges. vom 19. Juli 1911 und in Anlehnung an dieses die Art. 12 und 13 des LottG. über den Rückfall treffen. Es empfahl sich nicht, den Rückfall für Tatbestände, die dem preuß. Ges. vom 29. August 1904 entnommen sind, anders zu regeln als für diejenigen, welche dem preuß. Ges. vom 19. Juli 1911 (§§ 1, 2) entnommen sind (Art. 10, 11). Die Strafrahmen des Art. 3 sind in dem preuß. Ges. vom 29. August 1904 (§ 3) für den ersten Rückfall aufgestellten Strafrahmen nachgebildet. Nur in dem 2. Falle des Art. 3 ist der Strafrahmen gegenüber dem entsprechenden Strafrahmen des preuß. Gesetzes nach oben erweitert; als Höchststrafe ist der Betrag von 3000 Mark vorgesehen, den das preuß. Gesetz bei dem weiteren Rückfalle als Höchststrafe androht. Hierdurch soll ermöglicht werden, daß wenigstens gegen die gewerbsmäßigen Loshändler, die wiederholt rückfällig werden, eine ebenso hohe Strafe ausgesprochen werden kann, wie in Preußen. (Begr. 9, 10.)

1. Der Rückfall setzt eine einmalige Verurteilung voraus. Diese Verurteilung muß rechtskräftig sein zur Zeit der Begehung, nicht erst zur Zeit der Aburteilung der Rückfallshandlung.

Rückfallsfähig sind nur die Vergehen nach Art. 2, nicht das Spielverbot des Art. 1.

2. Eine weitere Voraussetzung der Rückfallstrafe ist vorgängige rechtskräftige Verurteilung nach Art. 2 des bayerischen Gesetzes. Verurteilung nach den im wesentlichen gleichlautenden §§ 3 und 4 des preuß. Ges. vom 29. August 1904 oder einer ähnlichen Strafbestimmung eines an der Lotteriegemeinschaft beteiligten Staates hat die Anwendung der Rückfallstrafe nicht zur Folge, wenngleich durch die Lotteriegemeinschaft ein gemeinsames Interesse sämtlicher beteiligter Staaten vorliegt. (So zutreffend Bericht des Referenten d. K. d. R.-R. 18; RGJ. 35 C, 54; Schiedermair 456.)

3. Eine Rückfallhandlung ist gegeben sowohl wenn der nach Art. 2 Abs. 1 Verurteilte eine Handlung des Abs. 1 oder des Abs. 2 oder wenn der nach Art. 2 Abs. 2 Verurteilte eine Handlung nach Abs. 2 oder Abs. 1 begeht.

4. Die Rückfallstrafe trifft nicht nur den Haupttäter, sondern auch die Mittelsperson und den Teilnehmer. (RGSt. 31, 40; Rönnberg I, 464.)

5. Rückfall ist auch dann gegeben, wenn die Geldstrafe nicht oder nur teilweise gezahlt oder ganz oder teilweise erlassen ist. Diese Selbstverständlichkeit spricht das Gesetz ausdrücklich aus, übersieht aber zu betonen, daß auch dann Rückfall gegeben ist, wenn die der Geldstrafe substituierte Freiheitsstrafe noch nicht oder nur teilweise verbüßt oder ganz oder teilweise erlassen ist. Trotzdem ist auch dies anzunehmen.

6. Rückfall wird nicht angenommen, wenn seit der Zahlung oder dem Erlasse der früheren Geldstrafe oder seit der Verbüßung und naturgemäß auch seit dem Erlasse der substituierten Freiheitsstrafe oder seit der Verjährung der Strafvollstreckung bis zur Begehung der neuen Zuwiderhandlung drei Jahre verflossen sind.

Der Beginn der Rückfallsausschlußfrist ist sohin nicht der Eintritt der Rechtskraft des letzten Urteils; das Ende der Verjährung ist nicht etwa der Tag der Aburteilung wegen der neuen Tat, sondern der Tag der Begehung derselben.

Der Lauf der Ausschlußfrist beginnt nicht, wenn die Strafe ganz oder teilweise gestundet ist.

7. Die Strafandrohung ist verschieden, je nachdem die Rückfallshandlung eine Zuwiderhandlung nach Abs. 1 oder Abs. 2 des Art. 2 ist; auf die Ersthandlung kommt es nicht an.

Im ersteren Falle ist die Strafe 100 bis 1500 Mark; im letzteren Falle 200 bis 3000 Mark.

Die Umwandlung erfolgt nach § 29 StGB. (s. Art. 1 N. 15).

8. Der Begriff des fortgesetzten Vergehens ist ausgeschlossen. Da aber nach Art. 15 Abs. 2 das an sich eintretende Häufungsprinzip der Geldstrafe, im Gegensatz zum preußischen Gesetze durch die Einführung einer Gesamtstrafe ersetzt ist, kann die Höchststrafe 10 000 Mark oder 6 Monate Gefängnis nicht übersteigen.

9. Die Strafverfolgung des Rückfallsvergehens verjährt in 3 Jahren (§ 67 StGB.). Die Strafvollstreckung verjährt, wenn auf mehr als 6000 Mark erkannt ist in 10 Jahren, wenn auf 150 bis 6000 Mark erkannt ist in 5 Jahren, wenn auf 100 bis 150 Mark erkannt ist, in 2 Jahren (s. auch Art. 1 N. 17). Maßgebend ist die erkannte Geldstrafe, nicht die an ihre Stelle tretende Freiheitsstrafe (Olshausen § 70 N. 3).

10. Zuständig zur Aburteilung sind die Landgerichte. Besteht die Rückfallshandlung in einer Zuwiderhandlung nach Abs. 1 des Art. 2, dann ist Verweisung an das Schöffengericht zulässig (§§ 73, 75 Ziff. 14 GVG.).

Wegen der Zuständigkeit bei Preßvergehen s. Art. 2 N. 30.

11. Übergangsfrage. Genügt eine Vorbestrafung nach Art. 57a des PStGB. zur Begründung des Rückfalls? Die Frage ist abweichend von RGSt. 39, 401 und Rönnberg I, 461 ff. zu verneinen in Übereinstimmung mit KGJ. 30 C, 50; 35 C, 54, dem Referenten der Kammer der Reichsräte (Bericht 18) und mit Schiedermair 456 welche letzterer zutreffend ausführt: „Für Preußen, wo das Verhältnis zwischen §§ 2 und 3 LottG. und dem dadurch aufgehobenen Gesetz vom 29. Juli 1885 nahezu das gleiche ist, ist die Rechtsprechung zwiespältig. Das Kammergericht hat in der Entscheidung vom 18. September 1905 KGJ. 30 C, 50) eine Verurteilung auf Grund des älteren Gesetzes nicht für genügend erachtet, weil § 3 LottG. (ganz ähnlich wie Art. 3 des bayer. LottG.) die Fassung hat: „Wer, nachdem er wegen eines der im § 2 bezeichneten Vergehen rechtskräftig verurteilt worden ist." Das Reichsgericht ist dieser Ansicht in der Entscheidung vom 21. Januar 1907 (RGSt. 39, 401) im wesentlichen mit der Begründung entgegengetreten, daß hinsichtlich der Frage des Rückfalls rechtsgrundsätzlich unabhängig vom Wechsel der Gesetzgebung und der technischen Bezeichnung der einzelnen Straftat die innere Gleichartigkeit der Tatbestände entscheide, wie sie sich in dem neuen und alten Gesetz darstellten, worauf das Kammergericht seinen Standpunkt ausführlicher in der Entscheidung vom 8. Januar 1908 (KGJ. 35 C, 54) begründete und dann wieder das Reichsgericht in der Entscheidung vom 8. November 1909 (GoltdArch. 57, 215), diesmal ohne Begründung, nur unter dem Hinweis auf die frühere Entscheidung auf seinem Standpunkt beharrte .... Der Standpunkt des Reichsgerichts, der im wesentlichen dem Standpunkt entspricht, den es hinsichtlich der Annahme des Rückfalls beim Diebstahl bei Vorbestrafungen auf Grund Landesrecht eingenommen hatte (RGSt. 8, 418), dürfte der verschiedenen Fassung der Gesetze nicht Rechnung tragen; denn § 244 StGB. spricht schlechthin von Bestrafung „als Dieb".

Zusatz.

Die Zuständigkeit der Landesstrafgesetzgebung zur selbständigen Regelung des Rückfalls steht außer Zweifel, da das StGB. den Rückfall nicht im allgemeinen geregelt hat; er bildet also keine Materie im Sinne des § 2 EG. StGB.

Art. 5.

Wer Gewinnergebnisse der in Bayern nicht zugelassenen Lotterien öffentlich oder durch Mitteilungen, die für einen größeren Kreis von Personen bestimmt sind, bekannt gibt, insbesondere wer sie in einer in Bayern erscheinenden Zeitung veröffentlicht oder sie öffentlich auslegt, ausstellt oder aushängt, wird mit Geldstrafe bis zu fünfzig Mark bestraft.

Gehört der Täter oder Teilnehmer zu den in Artikel 2 Abs. 2 bezeichneten Personen, so tritt Geldstrafe von einhundert bis zu sechshundert Mark ein.

Anhalt § 8.	Lübeck § 6.	Sachsen-Alt. § 7.
Baden § 5.	Mecklenburg-Sch. § 6.	Sachsen-K. u. G. § 7.
Braunschweig § 6.	Mecklenburg-Str. § 6.	Sachsen-M. Art. 8.
Bremen § 6.	Oldenburg Art. 10	Schaumburg-L. § 7.
Elsaß-Lothringen § 6.	Preußen § 6.	Schwarzburg-R. § 6.
Hessen Art. 6.	Reuß ä. L. § 7.	Schwarzburg-S. § 7.
Lippe § 7.	Reuß j. L. § 6.	Württemberg Art. 8.

Vorbemerkung. Dieser Artikel stellt das öffentliche Bekanntmachen von Gewinnergebnissen nicht zugelassener Lotterien unter Strafe, weil erfahrungsgemäß dadurch vielfach zur Beteiligung an solchen Lotterien verleitet wird. (Begr. 10.)

1. Wer Gewinnergebnisse nicht zugelassener Lotterien öffentlich bekannt gibt, wird bestraft.

Gewinnergebnisse sind nicht nur Gewinnlisten oder Teile derselben, sondern auch einzelne Gewinne. Lediglich das Lippesche Gesetz hat sich auf Listen und Teillisten beschränkt. Die Begr. zu dem preuß. Gesetze (S. 9) hebt ausdrücklich hervor, „daß auch die Veröffentlichung einzelner Gewinnergebnisse, namentlich diejenige eines Hauptgewinnes, wie sie häufig in Schaufenstern, Läden usw. eines Losehändlers erfolgt, strafbar sein soll". Hierauf stützt sich auch das Urt. d. RG. vom 4. Januar 1906 (mitgeteilt bei Rönnberg I, 469). Der Referent der Kammer der Reichsräte erkannte (Bericht 18, Protokoll der Ausschußsitzung vom 22. August 1912 S. 11) an, daß diese Auslegung dem Wortlaute des Gesetzes gemäß sei; er wünsche nur eine Abschwächung des Gesetzes. Dieser, nicht der Möglichkeit einer anderen Auslegung widersetzte sich der Justizminister. Ein zweites Mitglied des Ausschusses der Kammer der Reichsräte meinte, die Auslegung sei falsch, denn zu dem Begriff „Liste" gehörten doch mindestens zwei Gewinnposten. Diese Auffassung ist, obwohl ihr von dem Justizminister, der diesem Mitgliede sofort antwortete, nicht ausdrücklich widersprochen wurde, zweifellos irrig, denn das Gesetz spricht gar nicht von der Veröffentlichung von Gewinnlisten, sondern von Gewinnergebnissen.

2. Der Zweck der Veröffentlichung ist ebenso gleichgültig (so das unter 1 erwähnte Urteil) wie die Frage, ob die Veröffentlichung geeignet ist, die Spiellust anzuregen (Rönnberg I, 469).

3. Wer Gewinnergebnisse öffentlich oder durch Mitteilungen, die für einen größeren Kreis von Personen bestimmt sind, bekannt gibt.

Die Begehungsform kann eine vielgestaltige sein; das Veröffentlichen in einer bayrischen Zeitung, öffentliches Ausstellen, Auslegen oder Aushängen sind nur Beispiele, wie sich aus dem Worte „insbesondere" ergibt. So sind weitere Begehungsformen das Anheften, Ankleben, Anschreiben an eine Mauer, Vorführen durch einen Kinematographen, Ausrufen, Austragen der Gewinnlisten, Versenden von Zirkularen.

Die von dem preuß. Gesetze abweichende Fassung unseres Artikels gestattet diese weitergehende Interpretation.

4. Zu dem Begriff: **Öffentlich** s. Art. 1 N. 4.

5. Zu dem Begriff: **In Bayern erscheinende Zeitung** s. Art. 2 N. 17 ff.

6. Der Abs. 2 sieht eine Strafverschärfung vor für den **gewerbsmäßigen** Täter oder Teilnehmer.

7. Über die **Schuldform** (Vorsatz oder Fahrlässigkeit) s. Art. 1 N. 10.

8. Der Begriff der **fortgesetzten Zuwiderhandlung** ist nicht ausgeschaltet (Art. 15).

9. Die Handlung des **Abs. 1** ist eine **Übertretung** (§ 1 StGB.). Die Strafe ist Geldstrafe von 1 bis 50 Mark; die Strafe ist im Falle der Uneinbringlichkeit in Haftstrafe umzuwandeln, wobei der Betrag von 1 bis 15 Mark einer eintägigen Haftstrafe gleichzuachten ist (§§ 27, 28, 29 StGB.).

Die Handlung des **Abs. 2** ist ein **Vergehen**. (§ 1 StGB.); die Mindeststrafe ist 100 Mark, die Höchststrafe ist 600 Mark. Bezüglich der Umwandlung s. Art. 2 N. 26.

10. **Verjährung der Strafverfolgung** tritt im Falle des Abs. 1 in 3 Monaten, im Falle des Abs. 2 in drei Jahren (§ 67 StGB.) ein.

Wird die Handlung durch die **Presse** begangen, so verjährt sie im Falle des Abs. 1 auch in 3, im Falle des Abs. 2 in 6 Monaten.

11. Die **Strafvollstreckung** verjährt, wenn auf Geldstrafe bis 150 Mark erkannt ist, in 2 Jahren, bei einer höheren Strafe nach Abs. 2 in 5 Jahren (§ 70 StGB.). Für Preßvergehen gilt dieselbe Verjährungsfrist.

12. **Zuständig** zur Aburteilung ist das Schöffengericht (§ 27 GVG.). Wird die Zuwiderhandlung durch die **Presse** begangen, so ist das Schwurgericht zuständig (Art. 35 AG. GVG.).

13. **Einziehung** ist bei Zuwiderhandlung gegen Abs. 1 unzulässig, da es sich nur um eine Übertretung handelt (§ 40 StGB.). Bei Zuwiderhandlung gegen Abs. 2 ist sie gegebenen Falls möglich, ebenso die Un-

brauchbarmachung (§ 41 StGB.) und **das objektive Verfahren** (§ 42 StGB.).

Zusatz.

Das Verhältnis zum PreßG.: Verboten ist „insbesondere das Bekanntmachen in einer in Bayern erscheinenden Zeitung“. Nach § 1 PreßG. unterliegt die Freiheit der Presse nur denjenigen Beschränkungen, welche durch das Preßgesetz vorgeschrieben und zugelassen sind. Unter Freiheit der Presse ist die grundsätzliche Freiheit derselben von Präventivmaßregeln (Zensur usw.) und die Beschränkung der Gesetzgebung auf die Repression gegen Verfehlungen wider die allgemeinen Strafgesetze zu verstehen (formelle Preßfreiheit)“ (Schwarze-Appelius 5).

Landesgesetze, die im allgemeinen zugelassene Handlungen nur dann strafrechtlich ahnden, wenn sie durch die Presse begangen werden, sind rechtsungültig. Landesgesetze aber, die im Rahmen ihrer Zuständigkeit, allgemeine Beschränkungen enthalten und damit zugleich auch die Presse treffen, werden durch § 1 PreßG. nicht berührt (Schwarze-Appelius 6).

Diese Gesichtspunkte treffen für unseren Artikel zu; seine Rechtsgültigkeit steht außer Zweifel. Ebenso Erklärung des Justizministers im Ausschuß der Kammer der Reichsräte (Prot. 11).

Die Fassung des § 6 des preuß. Gesetzes („wer ..... in einer ..... Zeitung veröffentlicht oder durch öffentliches Auslegen ..... bekannt gibt .....“) gibt zu begründeten Zweifeln an seiner Gesetzmäßigkeit Anlaß (Schwarze-Appelius 6; Rönnberg I, 470 ff.); für die Gültigkeit auch des preuß. Gesetzes (Groschuff 112; ungedr. Urt. d. RG. v. 10. Mai 1886, mitgeteilt von Groschuff, OLG. Colmar v. 14. August 1907 in Sörgel 1910 und Rönnberg I, 471).

Art. 6.

Die Artikel 1 bis 5 finden auch auf Ausspielungen Anwendung, die außerhalb Bayerns öffentlich veranstaltet werden.

Anhalt § 9.
Baden § 2.
Braunschweig § 7.
Bremen § 10.
Elsaß-Lothringen § 1.
Hessen Art. 7.
Lippe § 8.
Lübeck § 7.
Mecklenburg-Sch. § 7.
Mecklenburg-Str. § 7.
Oldenburg Art. 11.
Preußen § 7.
Reuß ä. L. § 8.
Reuß j. L. § 7.
Sachsen-Altenbg. § 8.
Sachsen-K. u. G. § 8.
Sachsen-M. Art. 2.
Sachsen-W. § 9.
Schaumburg-L. § 8.
Schwarzburg-R. § 7.
Schwarzburg-S. § 8.
Württemberg Art. 2.

Vorbemerkung. In Anlehnung an § 286 Abs. 2 StGB. sind die Ausspielungen den Lotterien gleichgestellt. Der Entwurf enthielt auch das Verbot von in Bayern veranstalteten Ausspielungen; einem Antrag des Referenten d. K. d. R.-R. entsprechend wurde das Verbot auf außerbayerische Ausspielungen beschränkt.

1. Nur öffentliche außerbayerische Ausspielungen unterliegen dem Gesetze; auf Ausspielungen und Lotterien in geschlossenem Privatkreise erstreckt es sich nicht.

2. Über den Begriff Ausspielung s. Art. 1 N. 5.

Art. 7.

Mit Geldstrafe von einhundert bis zu eintausendfünfhundert Mark wird bestraft:

1. wer ohne staatliche Ermächtigung gewerbsmäßig Lose oder Losabschnitte der Preußisch-Süddeutschen Klassenlotterie oder Urkunden, durch welche Anteile an solchen Losen oder Losabschnitten zum Eigentum oder zum Gewinnbezug übertragen werden, feilhält, anderen überläßt oder zur Überlassung anbietet,
2. wer gewerbsmäßig geringere als die genehmigten Anteile oder Abschnitte von Losen einer Privatlotterie oder einer außerhalb Bayerns öffentlich veranstalteten Ausspielung oder Urkunden, durch die solche Anteile oder Abschnitte zum Eigentum oder zum Ge-

winnbezug übertragen werden, feilhält, anderen überläßt oder zur Überlassung anbietet,
3. wer ein solches Geschäft (Nr. 1 oder 2) als Mittelsperson fördert.

Baden § 6. Braunschweig Ges. v. 13. April 1910 § 3. Bremen X §§ 7, 8 u. 9. Elsaß-Loth. § 4 Abs. 3. Preußen II § 6. Sachsen-Altbg. Bek. v. 1. Juni 1894. Württemberg Art. 7.

Vorbemerkung. Der Artikel 7, der mit dem § 6 des preußischen Gesetzes vom 19. Juli 1911 übereinstimmt, enthält zwei verschiedene Tatbestände.

Der Abs. 1 mit Abs. 3 will den Zwischenhandel mit Staatslotterielosen ausschließen und den damit verbundenen Schäden vorbeugen. Die Zwischenhändler bedienen sich, um die Preise der Lose in die Höhe zu treiben, oft einer lauten Reklame und wissen sich den Anschein staatlich autorisierter Lotterieeinnehmer zu geben (vgl. die Begründung zum Entwurfe des Elsaß-Lothringischen Lotteriegesetzes, Drucksachen des Landesausschusses, 37. Session 1910 Nr. 5 S. 9). Es erschien daher notwendig, die einzuführende Staatslotterie auch in dieser Beziehung zu schützen.

Der Abs. 2 mit Abs. 3 richtet sich gegen Auswüchse des Handels mit Losen anderer (zugelassener) Lotterien (Privatlotterien im Gegensatze zur Preußisch-Süddeutschen Klassenlotterie) und mit Ausspielungslosen. Es ist nämlich vorgekommen, daß Händler die Lose in viele kleine Anteile zerlegt und für die Anteile unverhältnismäßig hohe Preise verlangt haben. So wurden Lose zu 3 Mk. in 60, Lose zu 5 Mk. in 100 Anteile zerlegt und die Anteile zum Preise von 10 Pfg. verkauft. Neben dem Gewinne, der sich hieraus für die Händler ergibt, lassen sich diese auch noch für ihre Mühewaltung bei der Beschaffung, der Verwahrung und der Verwaltung der Lose durch einen Vermerk auf dem Anteilsscheine besondere Vorteile, z. B. einen Teil des Gewinnes versprechen. Dieses Geschäftsgebaren führt zu einer Übervorteilung weiter Kreise der Bevölkerung (Begr. 10).

Dem Verbote des Anteilshandels von Staats- oder Privatlotterielosen entspricht in Art. 11 des Verbots des Anteilshandels von Prämien- oder Serienlosen.

1. Bestraft wird a) das Feilhalten, das Überlassen, das zum Überlassen Anbieten von Staatslosen, deren Abschnitten oder Bezugsscheinen auf dieselben, wenn es gewerbsmäßig und ohne staatliche Ermächtigung geschieht; b) das Fördern eines solchen Geschäftes als Mittelsperson; c) das Feilhalten, das Überlassen, das zum Überlassen Anbieten von geringeren als den genehmigten Anteilen oder Abschnitten oder Bezugsscheinen auf solche und zwar von Losen einer Privatlotterie oder Ausspielung; d) das Fördern eines solchen Geschäftes als Mittelsperson.

2. Bezüglich Feilhalten s. Art. 2 N. 4 (auch BayObLG. 10, 61).

3. Überlassen. Zum Überlassen anbieten. Damit ist auch die zeitweise Überlassung von Losen usw. zum völligen oder teilweisen Gewinnbezug und das Anbieten dazu getroffen, sofern der Erwerber einen unmittelbaren Anspruch gegen den Unternehmer der Lotterie oder Ausspielung erhalten soll.

Will der Händler nur einen Anspruch gegen sich einräumen, so wird er damit in der Regel selbst eine Lotterie veranstalten und nicht nach Art. 7, sondern nach § 286 StGB. strafbar sein. Dies auch deshalb, weil Art. 7 nur die Übertragung des Eigentums und des Gewinnbezugsrechtes bestraft (Rönnberg II, 66).

Auch dann findet der Art. 7 Anwendung, wenn ein bestimmter Betrag des planmäßigen Preises eines Loses (z. B. der Betrag von 1 Mk.) gehandelt wird und die Beteiligung am Gewinne nach dem Verhältnisse dieses Betrags zum Preise des ganzen Loses erfolgen soll (Begr. 10).

4. a) Bestraft wird, wer gewerbsmäßig ohne staatliche Ermächtigung Handel mit Staatslosen treibt.

Über den Begriff gewerbsmäßig s. Art. 2 N. 9 und 10.

Die staatliche Ermächtigung wird erteilt von der Direktion der K. bayer. Staatsschuldenverwaltung (GA. § 1; s. Zusatz).

Staatlich ermächtigt sind nur die Lotterieeinnehmer und deren Mittelspersonen (StaatsBt. Art. 1).

b) Ohne staatliche Ermächtigung handelt auch, wer die Ermächtigung überschreitet.

So sind die Lotterieeinnehmer strafbar, wenn sie Urkunden im Sinne der Ziffer 1 feilhalten usw., denn ihre Anstellung als Lotterieeinnehmer gestattet ihnen nur den Losevertrieb, nicht die Ausstellung von derartigen Urkunden (GA. § 41 Ziff. 3d; s. Zusatz).

Sie sind ferner strafbar, wenn sie selbst oder durch einen Angestellten Lose an Personen ablassen, die als Händler mit Losen der Preußisch-Süddeutschen Klassenlotterie, als gewerbsmäßige Veranstalter von Gesellschaftsspielen oder als Mittelspersonen solcher Händler oder Veranstalter dem Einnehmer bekannt oder von der GLD. oder der DbStSchV. bezeichnet sind (GA. § 41 Ziff. 3a; s. Zusatz).

Zu Ziff. 2.

5. Genehmigte Anteile sind die bei der obrigkeitlichen Erlaubnis zur Veranstaltung der Lotterie genehmigten Anteile und zwar ist nicht nur die von den bayerischen Organen, sondern auch an die von außerbayerischen Staaten für in Bayern zugelassene Lotterien erteilte Genehmigung gemeint (Rönnberg I, 191).

6. Der Veranstalter der Privatlotterie, der geringe als die genehmigten Losabschnitte feilhält usw., fällt nicht unter Art. 7, denn in diesem Falle liegt die Veranstaltung einer Lotterie vor, da die Überschreitung der obrigkeitlichen Genehmigung dem Mangel derselben gleichsteht (s. Art. 1 N. 3). Durch Art. 7 soll überdies nur der Zwischenhandel getroffen werden (Groschuff 115).

7. Bezüglich des Begriffes Mittelsperson s. Art. 2 N 5. Die Förderungstätigkeit selbst braucht nicht gewerbsmäßig begangen zu sein.

8. Bezüglich Losabschnitt, Anteil, Bezugsschein s. Art. 2 N. 21.

9. Zur Schuldform (Vorsatz und Fahrlässigkeit) s. Art. 1 N. 10.

10. Der Begriff des fortgesetzten Deliktes ist ausgeschaltet (Art. 15).

11. Die Handlung des Art. 7 ist ein Vergehen (§ 1 StGB.). Die Strafe ist Geldstrafe von 100 bis 1500 Mk.

Im Uneinbringlichkeitsfalle kann die Geldstrafe in Haft oder Gefängnis umgewandelt werden, wenn die erkannte Strafe nicht den Betrag von 600 Mk. und die an ihre Stelle tretende Freiheitsstrafe nicht die Dauer von 6 Wochen übersteigt, sonst nur in Gefängnis.

Bezüglich der Umwandlung bei einer Mehrheit von Zuwiderhandlungen s. Art. 15.

12. Die Strafverfolgung verjährt in 3 Jahren (§ 67 StGB.).

Die Strafvollstreckung verjährt in 5 Jahren, wenn auf mehr als 150 Mk. erkannt ist, sonst in 2 Jahren (§ 70 StGB.).

13. Zuständig zur Aburteilung ist das Landgericht, doch ist Verweisung an das Schöffengericht zulässig (§ 75 GVG.).

Zusatz.

Aus der Geschäftsanweisung für die bayerischen Einnehmer der Preußisch-Süddeutschen Klassenlotterie (GA.).

Annahme der Einnehmer und Erfordernisse derselben.

§ 1.

1. Als Lotterie-Einnehmer werden von der DbStSchV. nur Kaufleute oder verabschiedete Berufsoffiziere angenommen, die für die ordnungsmäßige Verwaltung der ihnen übertragenen Lotterie-Einnahme Sicherheit (Kaution), und zwar je nach der Zahl der ihnen überwiesenen Lose in Höhe von 12000 Mk. oder mehr in Schuldverschreibungen der bayerischen Allgemeinen- oder Staatseisenbahn-Anlehen oder der deutschen Reichsanleihe oder in entsprechenden Schuldbuchforderungen leisten können und

die in Ziffer 2 oder 3 bezeichneten Bedingungen erfüllen. Die Schuldverschreibungen des bayerischen Staats werden mit einem Beschränkungsvermerk zugunsten der preußischen Staatskasse in das bayerische Staatsschuldbuch [1]) die Reichsschuldverschreibungen mit einem gleichen Vermerk in das Reichsschuldbuch eingetragen. Der Eintrag wird durch die DdStSchV. vermittelt.

2. Kaufleute müssen an dem Orte, an dem die Lotterie-Einnahme zu vergeben ist, in der Regel seit mindestens einem Jahre das kaufmännische Gewerbe selbständig, d. h. für eigene Rechnung und in eigener Person betreiben, auch müssen sie wohlhabend und in der Lage sein, die erforderliche Sicherheit aus eigenem Vermögen ohne wesentliche Schwächung der für ihren Gewerbebetrieb nötigen Mittel zu leisten. Handelsfirmen oder Frauen werden Lotterie-Einnahmen nicht übertragen.

3. Verabschiedete Berufsoffiziere haben den Nachweis zu führen, daß ihnen die Aussicht auf Anstellung im Zivildienst erteilt ist, und eine Bescheinigung darüber einzureichen, daß sie sich mindestens für jede der fünf Klassen einer Lotterie bei einem Lotterie-Einnehmer, dessen Wahl ihnen überlassen bleibt, mit Erfolg auf die Tätigkeit als Lotterie-Einnehmer vorbereitet haben. Sie brauchen die Sicherheit nicht **aus eigenem** Vermögen zu leisten, sie kann auch von anderen für sie geleistet werden. Wird sie von einem anderen geleistet, so ist nachzuweisen, daß dieser auf das Rückforderungsrecht während der Verwaltung der Lotterie-Einnahme bei pünktlicher Zinszahlung verzichtet. Verabschiedete Offiziere, die eine etatsmäßige Zivilanstellung im Staats-, Reichs- oder Kommunaldienst bekleiden oder bekleidet haben und

[1]) Bis zur Eröffnung des bayerischen Staatsschuldbuchs bleiben die als Sicherheit übergebenen bayerischen Staatsschuldverschreibungen bei der Hauptkasse der K. bayer. Staatsschuldenverwaltung in München hinterlegt.

daraus eine Pension beziehen, finden keine Berücksichtigung.

4. Der Einnehmer erhält von der DdStSchV. bei seiner Annahme eine Bestallung, die von dem Vorstande der DdStSchV. ausgefertigt wird.

Dauer des Verhältnisses.

§ 2.

1. Die Annahme des Einnehmers sowie jede Bestimmung über die Zahl und die Nummern der von ihm zu vertreibenden Lose erfolgt auf Widerruf. Der dem Einnehmer erteilte Geschäftsauftrag kann jederzeit, selbst im Laufe einer Lotterie, zurückgenommen werden. Mit dem Tode des Einnehmers erlischt der Geschäftsauftrag, mit dem Erlöschen des Auftrags fällt der Anspruch auf die bestimmungsmäßigen Gebühren weg. Der Erbe des Einnehmers hat dessen Tod der DdStSchV. unverzüglich anzuzeigen, die Besorgung der übertragenen Geschäfte aber fortzusetzen, bis dafür anderweit Fürsorge getroffen ist. Auch hat er anzugeben, ob er selbst oder wer sonst für seine Rechnung die Abwicklung der Geschäfte zu übernehmen bereit ist. Erben oder Witwen kann die Fortführung der Lotterie-Einnahme in der Regel nur bis zur Beendigung der Lotterie gestattet werden, in deren Lauf der Todesfall eingetreten ist.

Ein etwaiger Verzicht des Einnehmers auf seine Stelle ist gegenüber der DdStSchV. schriftlich zu erklären. Die Lotteriegeschäfte sind in solchem Falle bis zum Eintreffen einer Verfügung der DdStSchV. und in der Regel bis zur Beendigung der laufenden Lotterie fortzuführen.

2. Die Niederlegung des kaufmännischen Gewerbes bei den in ihrer Eigenschaft als Kaufleute angenommenen Lotterie-Einnehmern und ebenso die Verlegung des Wohnsitzes von dem Orte, für den ihnen die Einnahme übertragen ist, haben deren Entziehung zur Folge. Änderungen in dem Umfange oder in der Art des Gewerbebetriebes sind der DdStSchV. anzuzeigen.

3. Um bei den zur Erledigung kommenden Lotterie-Einnahmen Geschäftsstockungen zu vermeiden, hat sich der Einnehmer alsbald nach seiner Annahme in rechtsverbindlicher Form damit einverstanden zu erklären, daß im Falle seines Ausscheidens aus der Stellung als Lotterie-Einnehmer die an ihn gerichteten Postsendungen, soweit er auf ihnen als Lotterie-Einnehmer bezeichnet ist, dem einstweiligen Verwalter der Lotterie-Einnahme oder dem ernannten neuen Lotterie-Einnehmer ausgehändigt werden. Hierüber hat er eine Urkunde . . an die DdStSchV. einzusenden.

Verhältnis und allgemeine Verbindlichkeiten des Einnehmers.

§ 4.

1. Der Einnehmer ist nicht Staatsbeamter. Er steht zur DdStSchV. und zur GLD. lediglich im Verhältnis eines Bevollmächtigten.

2. Der Einnehmer ist verpflichtet, die ihm übertragenen Lotteriegeschäfte persönlich wahrzunehmen. Dieser Verpflichtung muß er namentlich beim Verkauf der Lose jeder 1. und jeder 5. Klasse sowie bei der Annahme der Losebestellungen (§ 24) nachkommen. Die Ausführung dieser Geschäfte ist Stellvertretern oder Gehilfen nur in Ausnahmefällen zu überlassen.

3. Für den Fall der Verhinderung hat der Einnehmer einen geeigneten Stellvertreter zu bestellen, ihn der DdStSchV. durch eine Anzeige in doppelter Ausfertigung bei der Übernahme bei der Lotterie-Einnahme und bei jedem Wechsel in der Person des Vertreters namhaft zu machen, und dessen Unterschrift beizufügen. Der Vertreter hat zu zeichnen:

für N. (z. B. für Erdmann,
N. Albrecht).

Vornamen sind dabei wegzulassen. Der Vertreter hat den Anfangsbuchstaben seines Vornamens nur dann beizufügen, wenn sein Name und der des Einnehmers gleich lauten, z. B.

für Erdmann,

B. Erdmann.

Für die Geschäftsführung der Vertreter und Gehilfen ist der Einnehmer unbedingt haftbar.

4. Der Einnehmer hat die Bestimmungen dieser Geschäftsanweisung und des Lotterieplanes sowie die an ihn ergehenden Verfügungen der DdStSchV. und der GLD. genau zu befolgen. Die als „Anlagen zur Geschäftsanweisung (GA.)" von Nr. 1 an mit fortlaufenden Nummern ergehenden Verfügungen allgemeinen Inhalts sind in die Geschäftsanweisung einzuheften und sorgfältig aufzubewahren.

Abwesenheit und Krankheit des Einnehmers.

§ 7.

Beabsichtigt der Einnehmer sich länger als eine Woche von seinem Wohnorte zu entfernen, so hat er dies sowie die Dauer seiner Abwesenheit und das Ziel seiner Reise der DdStSchV. anzuzeigen und dabei zu bemerken, wie sein Vertreter zeichnen wird (§ 4 Ziff. 3). Das gleiche gilt, wenn Krankheit des Einnehmers seine Vertretung nötig macht.

Mittelspersonen.

§ 8.

1. Dem Einnehmer ist die private Annahme von Mittelspersonen unter der Bedingung gestattet, daß er ihnen eine angemessene Vergütung gewährt. Die Mittelspersonen dürfen für ihn und auf seine Gefahr Lose verkaufen oder Bestellungen auf Lose und auch Zahlungen entgegennehmen sowie die Aushändigung der Lose oder Gewinne bewirken; über diese Befugnisse hinaus sind sie zur Vornahme von Dienstleistungen oder zum Abschluß von Rechtsgeschäften im Namen der Lotterie-Vertreter oder des

Einnehmers nicht ermächtigt. Über den Empfang der Lose hat sich der Einnehmer von den Mittelspersonen eine Bescheinigung erteilen zu lassen. Da die Mittelspersonen die Lose nur im Auftrage und für Rechnung des Einnehmers verkaufen, so haben sie ihm über die abgesetzten Lose spätestens bei Rückgabe der unverkauften Lose ein Verzeichnis der Spieler (unter Angabe von Name, Stand und Wohnort) einzusenden, nach dem das Losebuch zu ergänzen ist.

Gesellschaftsspiele.

§ 9.

Der Einnehmer darf sich mit der Einleitung von Gesellschaftsspielen (Vereinigungen zum gemeinschaftlichen Spielen von Losen) nicht befassen, auch geschäftlich von solchen keine Kenntnis nehmen.

Verbot der Anlockung zum Spiel.

§ 10.

Der Einnehmer darf nicht zum Lotteriespiel auffordern und ohne vorangegangene Bestellung Lose nicht anbieten oder übersenden oder durch einen Dritten anbieten oder übersenden lassen.

Verkehr mit Losen anderer Lotterien.

§ 11.

1. Der Einnehmer darf sich mit dem Verkauf von Losen zu anderen Geld- oder zu Sachlotterien (Ausspielungen) ohne besondere Ermächtigung der DdStSchV. auch dann nicht befassen, wenn sie von der zuständigen Behörde genehmigt oder zugelassen sind.

2. Bei dem Vertrieb der Lose von Privatlotterien ist alles zu vermeiden, was den bei der Staatslotterie befolgten Grundsätzen widersprechen und ihren Interessen zum Nachteil gereichen könnte. Bei Nichtbefolgung der vorstehenden und der anderweit,

besonders in § 5 Ziffer 7 getroffenen Bestimmungen ist der Widerspruch der erteilten Erlaubnis zu gewärtigen.

§ 41.

1. Der Einnehmer hat die Bestimmungen dieser Geschäftsanweisung und des Lotterieplanes sowie die an ihn ergehenden Verfügungen der DdStSchV. und der GLD. genau zu befolgen und die Lotterie-Geschäfte durchweg ordnungsmäßig zu führen. Diese im öffentlichen Interesse wichtige Aufgabe erfordert, daß vorkommenden Ordnungswidrigkeiten unnachsichtig entgegengetreten wird. Diese werden daher je nach Umständen seitens der GLD. mit Warnungen und Vorhaltungen, seitens der DdStSchV. mit Ordnungsstrafen (Vertragsstrafen) bis zum Betrage von 300 Mark, mit Kürzungen in der Zahl der zum dauernden Vertrieb zugeteilten Lose oder mit Entziehung der Lotterie-Einnahme geahndet.

2. Die Ordnungsstrafen sind Vertragsstrafen im Sinne der §§ 339 ff. BGB., denen sich der Einnehmer für den Fall, daß er seine Pflichten nicht oder nicht in gehöriger Weise erfüllt, durch den Anstellungsvertrag unter Verzicht auf den Rechtsweg unterwirft.

3. Die Lotterie-Einnahme ist — unbeschadet der Bestimmungen in § 2 Ziffer 1 und 2 — namentlich dann verwirkt, wenn ein Einnehmer

a) Lose selbst oder durch einen Angestellten an Personen abläßt, die als Händler mit Losen der Preußisch-Süddeutschen Klassenlotterie, als gewerbsmäßige Veranstalter von Gesellschaftsspielen oder als Mittelspersonen solcher Händler oder Veranstalter dem Einnehmer bekannt oder von der GLD. oder der DdStSchV. bezeichnet sind,

b) sich Untreue gegen die Lotterie-Verwaltung oder gegen einen Spieler zu Schulden kommen läßt,

c) Lose für einen geringeren oder höheren als den planmäßigen Preis verkauft (§ 23),

d) Anteilscheine auf Lose ausgibt oder sonst der Vorschrift in § 9 zuwiderhandelt,

e) die Überweisung fälliger Lotteriegelder ganz oder teilweise über die Fälligkeit hinaus wiederholt verzögert,

f) sich unpünktlich in der Auszahlung von Gewinnen zeigt oder die Auszahlung nicht in deutscher Reichswährung leistet,

g) bei Gewinnzahlungen vorschriftswidrige Abzüge macht oder entgegen der Vorschrift in § 32 Ziffer 2d Geschenke von Gewinnern annimmt,

h) die Vorschriften in den §§ 10 und 11 verletzt,

i) die bürgerliche Ehre verloren hat oder ihm die Ausübung der bürgerlichen Ehrenrechte auf Zeit rechtskräftig untersagt worden ist,

k) den Offenbarungseid geleistet hat,

l) in Konkurs verfällt,

m) eine fruchtlose Zwangsvollstreckung in sein Vermögen erfahren hat oder

n) zur selbständigen Verwaltung seines Vermögens unfähig wird.

4. Über Kürzungen in der Zahl der einem Einnehmer zum dauernden Vertriebe zugeteilten Lose oder Entziehung der Lotterie-Einnahme beschließt die DdStSchV. nach freiem, an keine bestimmten Beweisformen oder Regeln gebundenen Ermessen. Ein Anspruch auf Schadloshaltung steht gegenüber einem solchen Beschluß dem davon Betroffenen nicht zu.

Art. 8.

Wer bei dem öffentlichen Ankündigen, Anpreisen, Feilbieten oder Vertreiben von Losen oder Losabschnitten einer Lotterie oder einer außerhalb Bayerns öffentlich veranstalteten Ausspielung den bei der Zulassung der Lotterie oder der Ausspielung festgesetzten, ihm behördlich bekanntgegebenen oder aus dem Lose ersichtlichen Vertriebs-

bedingungen zuwiderhandelt, wird mit Geldstrafe bis zu einhundertfünfzig Mark bestraft.

Baden § 7. — Die übrigen Vertragsstaaten haben keine diesbezügliche Bestimmung.

Vorbemerkung. Durch den Artikel 8 soll eine Lücke der Gesetzgebung ausgefüllt werden. Bei der Zulassung einer Lotterie oder Ausspielung werden regelmäßig zur Verhinderung von Mißbräuchen, namentlich zur Verhütung der Täuschung und Schädigung der Bevölkerung für den Vertrieb der Lose Bedingungen gesetzt, an deren Einhaltung ein erhebliches öffentliches Interesse besteht. Es wird gewöhnlich bestimmt, daß der Aufdruck auf den Losen über die Zahl der Lose, den Ziehungstag, die Zahl, den Wert und die Art der Gewinne Auskunft geben muß, wann die Anpreisung der Lotterie oder Ausspielung und der Vertrieb der Lose beginnen darf, welche Schranken bei der Anpreisung der Lotterie einzuhalten sind. Künftig soll auch stets für den Vertrieb der Lose in Bayern die Aufstellung eines verantwortlichen bayerischen Generalagenten verlangt werden. Hat dieser auf die Einhaltung des Ziehungstags und des Verlosungsplans Einfluß, so sind die hierüber getroffenen Anordnungen für ihn auch Vertriebsbedingungen.

Es hat sich nun als dringend notwendig herausgestellt, der Einhaltung der Vertriebsbedingungen durch eine Strafvorschrift Nachdruck zu verschaffen. Denn der § 35 Abs. 2 der GewO. bietet keinen ausreichenden Schutz. Danach ist der Handel mit Losen von Lotterien und Ausspielungen zu untersagen, wenn Tatsachen vorliegen, welche die Unzuverlässigkeit des Gewerbetreibenden in bezug auf diesen Gewerbebetrieb dartun. Die auswärtigen Loshändler können auf Grund der Vorschrift nicht zur Rechenschaft gezogen werden. Die in Bayern wohnenden Loshändler können aber dadurch, daß sie einen Strohmann vorschieben, das Gesetz umgehen. Auch die Zurücknahme der Zulassung ist keine geeignete Maßnahme zur Verhinderung von Verstößen gegen die Vertriebsbedingungen. Sie würde in den meisten Fällen nicht den Schuldigen treffen, weil der Veranstalter der Lotterie oder Ausspielung auf das Geschäftsgebaren der Loshändler keinen Einfluß hat, und damit zu ungerechtfertigten Härten führen. Überdies würde sie Rechtsstreitigkeiten mit den Personen zur Folge haben, die in gutem Glauben Lose kauften und damit einen Anspruch auf die Ziehung und Verteilung der Gewinne erwarben. (Begr. 10.)

1. Die Zuwiderhandlung gegen die Vertriebsbedingungen ist strafbar, gleichviel, ob es sich um eine bayerische oder außerbayerische Lotterie oder Ausspielung handelt, nur muß die Handlung in Bayern begangen sein (Begr. 11).

2. Die Zuwiderhandlung wird begangen von Personen, denen die Bedingungen behördlich, d. h. durch die zuständige Behörde bekannt gegeben worden sind („ihm" bekannt gegeben), so den Veranstaltern der Lotterie, den staatlichen Einnehmern (GA. 54 Ziff. 4, s. Zusatz zu Art. 7) durch Verstoß gegen diese Bedingungen; von anderen Personen z. B. den Loshändlern durch Verstoß gegen die aus dem Lose ersichtlichen Bedingungen (Begr. 11).

3. Bei der Zulassung von Lotterien wird regelmäßig angeordnet, daß bei ihrer Anpreisung die Zahl der Lose anzugeben ist. Dies ist eine Vertriebsbedingung (Begr. 13).

4. Bezüglich der Begehung durch die Presse s. Art. 2 N. 20.

5. Die Handlung des Art. 8 ist eine Übertretung. Die Strafe ist 1 bis 150 Mk., umzuwandeln in Haftstrafe bis zu 6 Wochen und bei mehreren Geldstrafen bis höchstens 3 Monate (§§ 28, 78 StGB.).

6. Die Strafverfolgung verjährt in 3 Monaten (§ 67 StGB.), die Strafvollstreckung in 2 Jahren (§ 70 StGB.).

7. Zuständig zur Aburteilung ist das Schöffengericht, und zwar auch bei Verübung durch die Presse

(§ 27 GVG., Art. 35 AG. GVG.). Amtsrichterlicher Strafbefehl ist zulässig.

8. Der Begriff der fortgesetzten Handlung ist ausgeschaltet (Art. 15).

Art. 9.

Wer Promessen auf Prämien eines inländischen oder ausländischen Lotterieanlehens ausbietet oder zur Teilnahme an einer solchen Unternehmung einladet, wird mit Geldstrafe bis zu einhundertfünfzig Mark oder mit Haft bis zu sechs Wochen bestraft.

Vorbemerkung. Diese Bestimmung findet sich in keinem Gesetze der anderen Staaten; sie ist der unveränderte Art. 57a Ziff. 2 letzter Satzteil des PStGB.

1. Nach dem RG. vom 8. Juni 1871 betr. die Inhaberpapiere mit Prämien (s. Anl. 5) dürfen dieselben nur innerhalb des Deutschen Reiches nur auf Grund eines Reichsgesetzes und nur zum Zwecke der Anleihe eines Bundesstaates oder des Reiches ausgegeben werden (§ 10 d. Ges.).

Inhaberpapiere mit Prämien, welche nach Verkündigung des RG. vom 8. Februar 1871, der Bestimmung des § 1 zuwider, im Inlande ausgegeben werden, desgleichen Inhaberpapiere mit Prämien, welche nach dem 30. April 1871 im Auslande ausgegeben werden, dürfen weder im Privatverkehr weitergegeben, noch börsenmäßig zum Gegenstande eines Geschäftes oder einer Geschäftsvermittlung gemacht werden (§ 20 d. Ges.).

Dasselbe gilt vom 15. Juli 1871 ab von ausländischen Inhaberpapieren mit Prämien, deren Ausgabe vor dem 1. Mai 1871 erfolgt ist, soferne dieselben nicht abgestempelt sind (§ 30 d. Ges.).

Die Zuwiderhandlung gegen §§ 1, 2 oder 3 wird nach § 6 Abs. 1 bestraft.

Nach § 6 Abs. 2 wird mit Geldstrafe bis zu 300 Mk. oder mit Gefängnis bis zu 3 Monaten bestraft, wer ein in § 2 oder § 3 bezeichnetes Inhaberpapier mit Prämie öffentlich ankündet, ausbietet oder empfiehlt oder zur Feststellung eines Kurswertes notiert.

2. Nach §§ 7, 8 des RG. betr. die Abzahlungsgeschäfte vom 16. Mai 1894 (s. Anl. 7) wird mit Geldstrafe bis zu 500 Mk. bestraft, wer Lotterielose, Inhaberpapiere mit Prämien oder Bezugs- oder Anteilscheine auf solche Lose oder Inhaberpapiere gegen Teilzahlungen verkauft oder durch sonstige auf den gleichen Zweck abzielende Verträge veräußert; es begründet keinen Unterschied, ob die Übergabe des Papiers vor oder nach der Zahlung des Preises erfolgt. Diese Bestimmungen finden keine Anwendung, wenn der Empfänger als Kaufmann in das Handelsregister eingetragen ist.

3. Unser Artikel stellt unter Strafe

a) das Ausbieten von Promessen auf Prämien eines inländischen oder ausländischen Lotterieanlehens,

b) die Einladung zur Teilnahme an einer solchen Unternehmung.

4. Strafbar ist das Ausbieten, nicht das Anbieten. Das Ausbieten erfordert ein Angebot an einen größeren Personenkreis.

Strafbar ist ferner das Einladen zur Teilnahme an dem Ausbieten. Dieser Akt erfordert nicht, wie das Ausbieten, eine öffentliche Begehungsform.

Die Einladung braucht dem Eingeladenen nicht zur Kenntnis gebracht worden sein (BayObLG. 1, 209).

5. Strafbar ist das Ausbieten usw. von Promessen auf Prämien eines inländischen oder ausländischen Lotterieanlehens. Ein inländisches Prämienlotterieanlehen ist ein zum Zwecke der Anleihe eines Bundesstaates oder des Reiches veranstaltetes Lotterieunternehmen, für welches Inhaberpapiere mit Prämien ausgegeben werden.

Inhaberpapiere mit Prämien (Prämienlose) sind auf den Inhaber lautende Schuldverschreibungen, in welchen allen Gläubigern oder einem Teile derselben außer der Zahlung der verschriebenen Geldsumme eine Prämie dergestalt zugesichert wird, daß durch Auslosung oder durch eine andere auf den Zufall gestellte Art der Ermittlung die zu prämierenden Schuldverschreibungen und die Höhe der ihnen zufallenden Prämie bestimmt werden sollen (§ 1 d. RG. vom 8. Juni 1871).

Promessen sind Bezugsscheine auf Prämien- (oder Serien-)lose.

6. Nicht strafbar ist lediglich die Aufforderung zum Ankaufe solcher Lose eines ausländischen Prämienanleihens, die sich als Inhaberpapiere mit Prämien im Sinne des RG. vom 8. Juni 1871 darstellen, vorausgesetzt, daß in der Ankündigung nicht durch Zusicherung eines Anteils an dem allenfallsigen Gewinn die unerlaubte Veranstaltung einer Lotterie zu erblicken ist. (Urt. d. LG. Bamberg vom 15. Mai 1906 in BayZfR. 2, 347; Sutner 217.)

7. Über die Strafbarkeit des verantwortlichen Redakteurs usw. s. Art. 2 N. 20.

8. Die Handlung ist eine Übertretung (§ 1 StGB.). Sie ist wahlweise mit Geldstrafe von 1 bis 150 Mk. oder mit Haft von 1 bis zu 6 Wochen bedroht. Die Geldstrafe ist im Uneinbringlichkeitsfalle in Haftstrafe umzuwandeln (§ 28 StGB.).

9. Die Strafverfolgung verjährt in 3 Monaten (§ 67 StGB.); die Strafvollstreckung verjährt in 2 Jahren.

10. Zuständig zur Aburteilung ist das Schöffengericht (§ 27 GVG.), auch bei Begehung durch die Presse (Art. 35 AG. GVG.).

11. Der Begriff der fortgesetzten Handlung ist nicht ausgeschaltet (Art. 15).

Zusatz.

Die landesgesetzliche Zuständigkeit ist gegeben

a) hinsichtlich des Gesetzes vom 8. Juni 1871: denn dieses regelt lediglich die Ausgabe und nur in ganz bestimmter Umgrenzung auch den Verkehr mit Inhaberpapieren mit Prämien, bezieht sich aber keinesfalls auf Promessen (s. Art. 10 Zusatz III und Art. 11 Zusatz II).

b) Hinsichtlich des Ab.G.; denn dieses behandelt den Verkauf mit Ratenzahlung und nicht das Ausbieten und zur Teilnahme Einladen.

Art. 10.

Wer gewerbsmäßig in der Absicht, andere auszubeuten, zur Beteiligung an Losgesellschaften auffordert oder sich mit deren Bildung oder Geschäftsführung befaßt, oder wer gewerbsmäßig solche Losgesellschaften oder deren Bildung in anderer Weise wissentlich fördert, wird mit Gefängnis bis zu drei Monaten und zugleich mit Geldstrafe von einhundert bis zu dreitausend Mark oder mit einer dieser Strafen bestraft.

Losgesellschaften im Sinne dieses Gesetzes sind Vereinigungen jeder Art, welche die Gewinnaussichten von Serien- oder Prämienlosen oder von Lotterie- oder Ausspielungslosen ausnutzen wollen.

Baden § 8. Mecklenbg.-Sch. II § 1. Preußen II § 1.
Braunschweig II § 1. Mecklenbg.-Str. II § 1.
Lübeck II § 1. Oldenburg II § 1.

Vorbemerkung. Der Artikel 10 wendet sich gegen die Ausbeutung Spiellustiger in Spielgesellschaften. Die Gewinnaussichten der Prämien- und Serienlose sind gering. Durch unrichtige Darstellung dieser Aussichten gelingt es aber vielfach Unternehmern, zahlreiche Spiellustige zur Beteiligung an Prämien- und Serienlosgesellschaften zu verleiten. Sie lassen sich als Geschäftsführer der Gesellschaften von deren Mitgliedern monatliche Beiträge zahlen, die den Kaufpreis der von ihnen für die Gesellschaften angeschafften Prämien- und Serienlose bedeutend übersteigen, und haben so einen sicheren hohen Gewinn, während die Mitglieder mit verschwindenden Ausnahmen nur einen kleinen Teil ihrer Beiträge zurückerhalten.

Nach dem derzeitigen Stande der Gesetzgebung in Bayern können die Unternehmer solcher Losgesellschaften und ihre Gehilfen nur insoweit zur Verantwortung gezogen werden, als sich der Tatbestand des Betruges oder des Wuchers feststellen läßt. Allein dies ist häufig nicht möglich. Gelingt freilich der Nachweis, daß eine Losgesellschaft nur zum Scheine gegründet ist, und daß in Wahrheit Anteile von Prämienlosen gegen Teilzahlungen (die angeblichen monatlichen Mitgliederbeiträge) veräußert wurden, so ist der § 7 des RG. über die Abzahlungsgeschäfte anwendbar. Läßt sich nachweisen, daß auch das Eigentum oder Miteigentum an den Prämienlosen nur zum Schein übertragen wurde und in Wahrheit die angeblichen Gesellschafter nur einen Anspruch gegen den Unternehmer auf Zahlung des Betrags erlangen sollten, der den auf die Prämienlose erfolgten Auszahlungen entspricht, so fällt dem Unternehmer die unbefugte Veranstaltung einer Lotterie (§ 286 StGB.) zur Last. Allein diese Nachweise sind meist nicht zu erbringen.

Ähnliche Mißstände wie bei den Prämien- und Serienlosgesellschaften können sich auch bei den Gesellschaften zur Ausnützung der Gewinnaussichten von Losen einer Staatslotterie oder einer (zugelassenen oder nicht zugelassenen) Privatlotterie ergeben. Teilweise sind auch solche Mißstände schon bekannt geworden. Deshalb bezieht sich der Art. 10 auch auf diese Losgesellschaften (Begr. 12).

1. Strafbar ist:

a) Die gewerbsmäßige, in ausbeuterischer Absicht betätigte Aufforderung zur Beteiligung an Losgesellschaften.

b) Das gewerbsmäßige in ausbeuterischer Absicht betätigte Sichbefassen mit der Bildung oder Geschäftsführung von Losgesellschaften.

c) Das gewerbsmäßige und wissentliche Fördern von Losgesellschaften oder der Bildung von Losgesellschaften, die in ausbeuterischer Absicht gegründet wurden oder gegründet werden sollen.

2. Strafbar ist die gewerbsmäßige Aufforderung usw.

Über den Begriff gewerbsmäßig s. Art. 2 N. 9.

Die Gewerbsmäßigkeit des Handelns, die eine Voraussetzung der Bestrafung bildet, muß sich auf alle Tatbestandsmerkmale, also im ersten Falle auch auf die Ausbeutungsabsicht beziehen.

3. Strafbar ist die gewerbsmäßige Aufforderung usw. in der Absicht andere auszubeuten.

Ausbeutung ist die bewußte unreelle und verwerfliche Ausnutzung der Spielsucht Anderer (Olshausen, § 302 a N. 11; Rönnberg II, 35).

4. Die Absicht Andere auszubeuten. Die Anderen sind die gesuchten oder vorhandenen Teilnehmer der Losgesellschaft, nicht Dritte, mit denen die Losgesellschaft in geschäftliche Verbindung tritt (Rönnberg II, 36).

5. Strafbar ist die gewerbsmäßige und wissentliche Förderung von Losgesellschaften oder deren Bildung.

Das Fördern muß in anderer Weise als durch Aufforderung zur Teilnahme oder durch Befassen mit der Bildung oder Geschäftsführung von Losgesellschaften geschehen, es muß sich auf bestehende oder zu bildende Gesellschaften beziehen, es muß gewerbsmäßig und wissentlich erfolgen, es erfordert aber nicht Ausbeutungsabsicht.

Fördern ist jede Art von unterstützender Tätigkeit durch Rat oder Tat; die Förderungshandlung braucht nicht kausal zu sein für die Entstehung der Gesellschaft, noch ist es erforderlich, daß die Gesellschaft wirklich entsteht (Rönnberg I, 187; RGSt. 5, 376).

Es ist hauptsächlich an den Fall gedacht, daß ein

Bankier, ohne die Leitung oder Geschäftsführung einer Losgesellschaft zu übernehmen, den Ankauf der Lose für sie besorgt.

Die Förderung kann schon darin gefunden werden, daß durch die Mitteilung über das Bestehen, die Aussichten und die Satzungen einer Losgesellschaft die Lust zur Beteiligung in demjenigen Kreise, an den sie sich richtet und an den sie gelangt, zu erregen unternommen wird, ohne daß eine ausdrückliche Aufforderung zur Beteiligung vorliegt. (Begr. preuß. 15; Rönnberg II, 28.)

6. Die Losgesellschaft oder deren Bildung muß wissentlich gefördert werden. Der Förderer muß von dem Vorliegen aller wesentlichen Begriffsmerkmale der Haupttat Kenntnis besessen haben; er muß wissen, daß er Hilfe leistet und wozu er sie leistet (Olshausen § 49 N. 14, Frank § 49 N. II, RGSt. 39, 214).

Er muß wissen, daß es sich um eine Losgesellschaft handelt, die in der Absicht, Andere auszubeuten, gebildet wurde oder gebildet werden soll (Begr. 12).

Verlangt aber der Gesetzestext für die Gesellschaften selbst die Ausbeutungsabsicht? Gewollt war es wohl; aber die Ansicht Rönnberg II, 31, daß das Gesetz das, was es sagt, nicht will und das, was es will, nicht sagt, ist nicht von der Hand zu weisen.

7. a) Zur Beteiligung ... an Losgesellschaften muß aufgefordert werden.

Abs. 2 gibt eine Legaldefinition.

Das Gesetz wendet sich nicht nur gegen die Prämien und Serienlosgesellschaften, sondern auch Vereinigungen zur Ausnutzung der Gewinnaussichten von Staatslosen, zugelassenen und nicht zugelassenen Privatlotterielosen fallen unter das Gesetz.

Prämienlose sind Papiere nach § 10 RG. vom 8. Juni 1871 (s. Anlage).

„Werden die Prämien nicht nur für die einzelnen Stücke ausgelost, sind vielmehr die einzelnen Stücke zu

Gruppen (Serien) vereinigt und werden zunächst die Serien und erst alsdann innerhalb derselben die Prämien gezogen, so nennt man die Prämienlose, deren Serie bereits gezogen ist, während die Prämienziehung noch bevorsteht, Serienlose". (Begr. zum preuß. Entw 5, Rönnberg II, 25.)

b) Losgesellschaften sind Vereinigungen, also Gesellschaften oder Vereine im Sinne des BGB. oder sonstige Personengemeinschaften wie Gemeinschaften nach § 741 BGB. (BayObLG. 8, 93).

Der Zweck der Losgesellschaft muß sein, die Ausnützung der Gewinnaussichten von Serien-, Prämien-, Lotterie- oder Ausspielungslosen (s. hierüber Vorbem.).

Nicht erforderlich ist, wie in den Gesetzen für Lübeck, Oldenburg, Braunschweig und Mecklenburg festgesetzt ist, daß die Losgesellschaft den Erwerb von Losen oder Anteil- oder Bezugsscheinen zum Gegenstande hat.

Eine Vereinigung, die lediglich den Erwerb, nicht aber die Ausnutzung von Gewinnaussichten zum Zwecke hat, ist keine Losgesellschaft im Sinne unseres Artikels.

Nicht unter den Begriff Losgesellschaften fallen Vereinigungen, die sich auf einen durch persönliche Bekanntschaft oder berufliche oder sonstige gemeinsame Beziehungen fest abgeschlossenen Teilnehmerkreis beschränkt. Dieser Zusatz war in dem preußischen Entwurf enthalten, wurde aber von der Justizkommission gestrichen, weil er „überflüssig und unverständlich sei, da bei den hier geschilderten Vereinigungen eine Ausbeutung gar nicht in Frage komme" (Rönnberg II, 26).

8. Die Versuche, die Art. 57 und 57a des PStGB. wirkungslos zu machen, bedienten sich meistens der bisher straflosen Form der Bildung von Losgesellschaften. In allen Fällen aber, die zur Entscheidung des Bayr. obersten Landesgerichtes gelangt sind – soweit wenigstens die Urteile publiziert wurden, wurde das Vorhandensein einer Losgesellschaft verneint und angenommen, daß der Leiter eine neue nicht zugelassene Lotterie veranstaltet.

a) Die Lose sind Eigentum des Gesellschaftsleiters geblieben und die Teilnehmer an der Serienlosgesellschaft haben nur obligatorische Ansprüche auf Auszahlung der Gewinne gegen den Leiter. Dieser ist Veranstalter einer neuen Lotterie (BayObLG. 6, 69; 9, 241, 285).

b) Die Annahme einer Gesellschaft ist ausgeschlossen, wenn der Fortbestand der Vereinigung nicht von dem Willen der Teilnehmer, sondern von dem eines Dritten abhängig ist und der einzelne Teilnehmer gegenüber den anderen weder Rechte noch Pflichten hat. Auch die Bestimmungen der Statuten, daß die Mitgliedschaft auf einen andern übertragen werden kann, ist mit dem Wesen der Gesellschaft nicht vereinbar. Hat eine Gesellschaft nicht bestanden, so konnte auch der Unternehmer für eine solche nicht das Eigentum an den Losen erwerben. Diese wurden auch nicht Eigentum der einzelnen Mitglieder, denen sie vom Unternehmer vor der jeweiligen Gewinnziehung „benummert" wurden; denn die Mitglieder wollten das Eigentum nicht erwerben und der Unternehmer wollte das Eigentum nicht auf sie übertragen. In Wirklichkeit war der Wille der Beteiligten auf Abschluß eines Lottervertrages gerichtet (BayObLG. 7, 338).

c) Um zu bewirken, daß die Teilnehmer das Eigentum an den Losen nach Bruchteilen erwarben, hätten ihnen die Lose vom bisherigen Eigentümer übergeben werden müssen, wobei zwischen ihnen und dem Übergeber Einverständnis darüber bestehen mußte, daß das Eigentum übergehen solle. Da die einzelnen Teilnehmer selbst zu dem Verkäufer des Loses in keine Beziehungen traten, hätten sie das Eigentum nur durch Vermittlung des Gesellschaftsleiters erwerben können, also nur dadurch, daß derselbe den Willen hatte, das Los für sie zu kaufen und ihnen das Eigentum daran zu verschaffen (BayObLG. 7, 369).

d) Die Gesellschaftsform wurde nur zur Verschleierung des wahren Sach- und Rechtsverhältnisses gewählt, was sich insbesondere daraus ergibt, daß den einzelnen Gesellschaften die Personen der anderen völlig unbekannt blieben, daß es für die Mitglieder der Gesellschaft von vornherein ausgeschlossen war, die Herausgabe der Lose von dem Gesellschaftsleiter zu verlangen, daß die Anteile der ausscheidenden Gesellschafter nicht der Gesellschaft zufielen, sondern der Geschäftsleitung, die regelmäßig selbst nicht Mitglied der Gesellschaft war, daß die Teilnehmer keinerlei Anteil oder Rechte an den Mitgliederbeiträgen hatten und der Gesellschaftsleiter zu keiner Rechnungslegung über die Verwendung der Mitgliederbeiträge verpflichtet war (BayObLG. 9, 346).

e) Zur Verneinung eines Gesellschaftsverhältnisses berechtigt an sich nicht der Umstand, daß der Gesellschaftsleiter nicht weiß, welche Teilnehmer sich melden, daß jederzeit neue Mitglieder beitreten können und der Gesellschaftsleiter selbst noch fehlende Mitglieder ersetzt. Es ist rechtlich möglich, daß der Gesellschaftsleiter die Lose für die jeweils bereits eingetretenen Mitglieder und zugleich hinsichtlich der noch nicht vergebenen Anteile für sich selbst als Gesellschafter erwirbt; denn nach §§ 710, 718 BGB. kann die Führung der Geschäfte einzelnen Gesellschaftern übertragen werden, so daß die übrigen Gesellschafter von der Geschäftsführung ausgeschlossen sind; durch den Geschäftsführer erworbene Gegenstände werden so Eigentum der Gesellschaft. Es bedarf nicht noch einer Eigentumsübertragung durch den Gesellschaftsleiter an die Gesellschaft.

Auch daraus, daß es für die Teilnehmer zunächst ausgeschlossen war, vom Gesellschaftsleiter die Auslieferung der Lose zu verlangen, läßt sich nicht ohne weiteres entnehmen, daß sie nicht Gesellschaftseigentum werden sollten; denn es entspricht dem Wesen der Gesellschaft, daß die Verwahrung der Gesellschaftseigentum bildenden Lose dem Geschäftsführer der Gesellschaft für diese obliegt.

Daß kein wahres Miteigentum der Teilnehmer an den angeschafften oder noch anzuschaffenden Losen vorliege, kann nicht daraus geschlossen werden, daß es bei dem Beitritte der Mitglieder noch an einer bestimmten Bezeichnung des Kaufsgegenstandes fehlt; denn eine Gesellschaft kann auch zwecks künftigen Erwerbs eines Gegenstandes gegründet werden.

Bei dem nicht zwingenden Charakter der §§ 722, 738, 737 BGB. ist auch die Vereinbarung des Inhalts gestattet, daß der zahlungssäumige Teilnehmer aller Gewinnansprüche verlustig geht.

Es ist, obwohl das BGB. den Eintritt eines neuen Gesellschafters in eine bestehende Gesellschaft nicht geregelt hat, ein Wechsel der Mitglieder der letzteren und der Übergang des Anteils eines Gesellschafters auf einen neueintretenden Gesellschafter auf dem Wege eines neuen Vertragsabschlusses auch nach BGB. möglich. Demgemäß ist es zulässig, daß im Gesellschaftsvertrage der Geschäftsführer ermächtigt wird, den Aufnahmevertrag mit dem Neueintretenden im Namen aller zu schließen.

Immerhin bleibt zu prüfen, ob die nach den Teilnahmebedingungen rechtlich mögliche Übertragung eines Gesamt- oder Miteigentums wirklich gewollt ist und tatsächlich durchgeführt werden soll und nicht vielmehr die Überlassung der Gewinnhoffnung den Vertragsgegenstand bildet. Die Nichtannahme eines wirklichen Gesellschaftsvertrages kann insbesondere darin erblickt werden, daß die Teilnehmer sich gar nicht kennen, daß die Leitung „eventuell ein Los anderer Gattung erwirbt", wodurch der vorgeschriebenen Nummerbekanntgabe an die Teilnehmer mittels besonderer Miteigentumsscheine die Bedeutung genommen werden kann.

Ergibt sich, daß beim Geschäftsbetriebe des Gesellschaftsleiters die Teilnehmer nur auf die Gewinne mit den Losen angewiesen waren, aber keinerlei Anteil an den von ihnen an die Gesellschaft entrichteten Beiträgen hatten (§§ 718, 722, 734 BGB.), ohne daß das Statut eine dies ausschließende Bestimmung enthielt, daß die Beiträge vielmehr, auch soweit sie weder für die Anschaffung der Lose noch für sonstige gesellschaftliche Zwecke Verwendung fanden, von dem Gesellschaftsleiter für sich beansprucht wurden, sowie daß der Gesellschaftsleiter nicht zur Rechnungslegung verpflichtet war, so kann daraus der Mangel eines ernstlich gewollten Gesellschaftsverhältnisses gefolgert werden (BayObLG. 8, 93 in Verbindung mit 9, 25 und 296).

9. Wer zur Beteiligung an Losgesellschaften auffordert usw. ist strafbar.

Der Täter braucht nicht Bayer zu sein und nicht in Bayern zu wohnen; ebensowenig muß die Gesellschaft in Bayern gebildet zu sein oder gebildet werden wollen, lediglich die verpönten Akte müssen in Bayern vorgenommen werden (Rönnberg II, 38, s. auch Art. 1 N. 7, 8, 9).

10. Verletzt der Täter sowohl Art. 10 des bayerischen Gesetzes wie auch den korrespondierenden Artikel eines außerbayerischen Lotteriegesetzes, z. B. durch Versendung von Prospekten nach Bayern und nach Preußen, so kann er in beiden Staaten verurteilt werden. Der Grundsatz ne bis in idem findet keine Anwendung. Der bayerische Richter kann nicht die Verletzung des preußischen Gesetzes anwenden, da diese Handlung in Bayern nicht strafbar ist. § 73 StGB. findet keine Anwendung, denn unter den „mehreren Strafgesetzen" desselben sind nur solche Strafgesetze zu verstehen, die der Richter anwenden darf (Rönnberg II, 42; GoltdArch. 45, 218; RGSt. 32, 57; RGJ. 36 C, 100; s. auch Art. 1 N. 14).

11. Fahrlässige Verletzung des Art. 10 ist nur nach § 21 PreßG. möglich (Rönnberg II, 37).

12. Der Begriff des fortgesetzten Deliktes ist ausgeschaltet (Art. 15).

13. Die Handlung des Art. 10 ist ein Vergehen (§ 7 StGB.). Die angedrohte Strafe ist entweder kumulativ Gefängnis von 1 Tag bis zu 3 Monaten und Geldstrafe von 3 bis bis zu 3000 Mark oder lediglich Gefängnisstrafe oder lediglich Geldstrafe in demselben Rahmen.

Wird auf Gefängnis und Geldstrafe erkannt, so ist letztere im Nichtbetreibungsfalle umzuwandeln in Gefängnis bis höchstens ein Jahr. Die Bestimmung des § 29 Abs. 2 Satz 2 StGB., wonach der Höchstbetrag der substituierten Strafe drei Monate wäre, findet keine Anwendung, da die erst angedrohte Strafe eine gehäufte und keine wahlweise ist.

Wird lediglich auf Geldstrafe erkannt, so ist die zu substituierende Freiheitsstrafe höchstens 3 Monate Gefängnis, da im zweiten Fall die Geldstrafe wahlweise angedroht ist.

Handelt es sich um ein fortgesetztes Vergehen, so findet Art. 15 Anwendung und der hier normierte Umwandlungsmodus.

Handelt es sich um mehrere Vergehen, die an sich kein fortgesetztes Vergehen bilden, also um Realkonkurrenz, so ist der Höchstbetrag der zu substituierenden Freiheitsstrafen 2 Jahre Gefängnis; daneben ist noch die erkannte primäre Gefängnisstrafe aufrecht zu halten. (Bestritten!)

14. Die Strafverfolgung verjährt in 3 Jahren (§ 67 StGB.); bei Begehen durch die Presse in sechs Monaten (§ 22 PreßG.). Die Strafvollstreckung verjährt in 5 Jahren (§ 70 StGB.).

15. Zuständig zur Aburteilung ist das Landgericht (§ 72 GVG.). Überweisung an das Schöffengericht ist unzulässig.

Wird das Vergehen durch die Presse begangen, so ist das Schwurgericht zuständig (Art. 35 AG. GVG.).

16. Übergangsfrage. Eine Reihe von Vertragsstaaten so Braunschweig II, § 5, Lübeck II, § 4, Mecklenburg II, § 4, Oldenburg II, § 4, Preußen II, § 10 bestimmen, daß die Abwickelung der Geschäfte von Losgesellschaften, welche bei Inkrafttreten des Gesetzes schon bestehen, entweder ganz oder während einer gewissen Zeitspanne straffrei ist. Das Lotterie-Gesetz enthält eine solche Einschränkung nicht; die in Art. 10 präzisierten Tätigkeiten sind also auch bei schon bestehenden Losgesellschaften strafbar.

Zusatz.

Die Rechtsgültigkeit des Art. 10.

I. § 284 StGB. (wer aus dem Glückspiele ein Gewerbe macht) steht nicht entgegen; denn Glücksspiel im Sinne des § 284 ist nur ein Spiel, welches nicht unter den Begriff der Lotterie der Ausspielung fällt (RGSt. 10, 245; Olshausen, Frank; a. M. Rönnberg I, 78; II, 16).

II. § 286 StGB. steht nicht entgegen, weil hier nur die Materie der Veranstaltung einer Lotterie, nicht aber die Materie der Lotterie überhaupt geregelt ist (s. Art. 1 Zusatz I).

III. Das Reichsgesetz vom 8. Juni 1871 betr. die Inhaberpapiere mit Prämien steht nicht entgegen, da dasselbe lediglich die Materie des der Ausgabe und in gewissem Umfange des Verkehrs mit diesen Papieren, nicht aber die Materie der Bildung von Prämienlosgesellschaften regelt (Rönnberg I, 226; II, 18; RGSt. 30, 116; 40, 368; s. Art. 9 Zusatz).

IV. Die Reichsgewerbeordnung steht nicht entgegen. Das RGSt. 40, 368, das sich mit dem Lübecker-Gesetze befaßt, welches nur Serien- und Prämienlosgesellschaften im Auge hat, verneint einen Widerspruch mit § 6 GewO., weil derartige Inhaberpapiere mit Prämien den Lotterielosen gleich zu achten sind und hiernach auf ihren Vertrieb die GewO. nur insoweit Anwendung findet, als sie ausdrückliche Bestimmungen enthält; das ist aber für die gewerbsmäßige Bildung derartiger Losgesellschaften nicht der Fall. Landmann I, 100 bezeichnet diese Begründung als zu weitgehend. Zutreffender ist Rönnberg I, 224; II, 18: Die GewO. kommt überhaupt nicht in Frage, weil es sich in Art. 10 um keine gewerbepolizeiliche Vorschrift handelt.

V. Das BGB. steht nicht entgegen, dasselbe gestattet die Bildung von Losgesellschaften; Art. 10 greift aber nicht in diese privatrechtlichen Normen ein, sondern er bestraft lediglich die unter gewissen Modalitäten betriebene Gesellschaftsbildung; das ist zulässig, wie auch Strafgesetze gegen den Verkauf von Giften usw. zulässig sind (Rönnberg II, 20 gegen Rönnberg I, 225).

VI. Verhältnis zu § 7 AbG., §§ 263, 302 bis 302c StGB. und zum UnlWG.

Hiezu äußert sich die Begr. preuß. (s. Rönnberg II, 14) zutreffend.

„Daß auch § 7 des Reichsgesetzes über die Abzahlungsgeschäfte vom 16. Mai 1894 und die Vorschriften des Strafgesetzbuchs über den Wucher (§§ 302 bis 302 c) der landesgesetzlichen Regelung nicht im Wege stehen, ergibt sich ohne weiteres daraus, daß der § 7 a. a. O. nur den Zweck hat, den Abschluß des sog. Ratenlosgeschäftes zu erschweren, das hier nicht in Frage steht, und daß die Vorschriften gegen den Wucher die Ausbeutung der Notlage, des Leichtsinns und der Unerfahrenheit behandeln; während hier, und zwar auch in § 3, bei Ausbeutung der Spielsucht getroffen werden soll. Ebensowenig schließt das Reichsgesetz über den unlauteren Wettbewerb vom 7. Juni 1909 die hier in Aussicht genommenen Bestimmungen aus, da hier nicht sowohl unwahre Angaben über Beschaffenheit der Lose unter Strafe gestellt werden sollen, als vielmehr das ausbeuterische Treiben als solches ohne Rücksicht auf die Unrichtigkeit der Angaben; auch ist der gesetzgeberische Zweck verschieden: das Reichsgesetz soll die durch unlautere und täuschende Reklame bedrohten Interessen anderer Gewerbetreibender schützen und erfordert daher deren Antrag zur Strafverfolgung; hier handelt es sich dagegen um einen Schutz des Publikums gegen Ausbeutung und Übervorteilung. Endlich hindert auch der § 263 des Strafgesetzbuchs über den Betrug nicht die Erlassung eines Landesgesetzes, das sich gegen die Anreizung der Spielsucht des Publikums durch marktschreierische und irreführende Reklame richtet, mithin eine andere Materie betrifft, als das Eigentumsvergehen des § 263."

VII. Steht Art. 10 mit dem Reichsvereinsgesetz in Einklang? Auf diese wichtige Frage hat zuerst Rönnberg II, 20 hingewiesen; die Begründung und die parlamentarischen Verhandlungen berührten sie nicht. Rönnberg argumentiert: Nach § 1 VerG. haben alle Reichsangehörigen das Recht, zu Zwecken, die den Strafgesetzen nicht zuwiderlaufen, Vereine zu bilden. Dieses Recht unterliegt polizeilich nur den im Vereinsgesetz und anderen Reichsgesetzen enthaltenen Bestimmungen. Die allgemeinen sicherheitspolizeilichen Bestimmungen des Landesrechts finden Anwendung, soweit es sich um die Verhütung unmittelbarer Gefahr für Leben und Gesundheit an einer Versammlung handelt. Nach § 23 VerG. ist § 2 Abs. 2 EG. StGB., soweit er sich auf die besonderen Vorschriften des Landesstrafrechts über Mißbrauch des Vereins- und Versammlungsrechts bezieht, aufgehoben. Danach könne das Recht, Losgesellschaften zu bilden, vom Landesrecht nicht beschränkt und insbesondere die Bildung von Losgesellschaften nicht unter Strafe gestellt werden. Man könne nicht entgegenhalten, daß unser Artikel nur die gewerbsmäßige Bildung von Losgesellschaften bestrafe, und diese auch nur dann, wenn der Leiter in der Absicht handle, die Teilnehmer auszubeuten. Denn, wenn reichsrechtlich das Recht der Vereinsbildung gegeben sei, könne dieses Recht nicht deshalb landesrechtlich genommen werden, weil er das Recht gewerbsmäßig ausübe, dasselbe gelte von demjenigen, der in ausbeuterischer Absicht handle. Ausschlaggebend sei übrigens, daß § 23 VerG. das ganze Landesvereinsstrafrecht aufhebe, soweit es nicht in § 24, der hieher nicht interessiert, aufrecht erhalten ist.

Der Zweck der Losgesellschaft, nämlich der Ausbeutung der Teilnehmer oder der Zweck, aus der Vereinsbildung ein Gewerbe zu machen, sei an und für sich kein den Strafgesetzen zuwiderlaufender. Sodann komme es nach § 1 VerG. nicht darauf an, daß der Zweck der Bildung des Vereins nicht den Strafgesetzen zuwiderlaufe, sondern darauf, daß der Vereinszweck nicht mit irgendwelchen Strafgesetzen kollidiere. Eine Losgesellschaft sei ein Verein im Sinne des Vereinsgesetzes, auch wenn sie nur auf wenige Tage berechnet sei.

Der ganze Artikel sei ungültig. Wenn auch das Vereinsgesetz nur den Reichsangehörigen das Recht der Vereinsbildung gewährleiste, hätte der Artikel nicht etwa den Reichsausländern gegenüber Geltung. Denn § 23 schließe nicht etwa nur innerhalb des § 1 des VerG., sondern in vollem Umfange und nur mit Ausnahme der in § 24 aufgeführten Gebiete das Landesvereinsstrafrecht aus.

Hiezu ist zu bemerken:

Eine Losgesellschaft kann ein Verein sein, sie muß es aber nicht; sie wird es sogar in der Regel nicht sein; sie wird vielmehr meistens eine Gesellschaft des bürgerlichen Rechtes sein. Soweit kollidiert also das Vereinsgesetz keinesfalls mit Art. 10.

Wird eine Losgesellschaft in der Form eines Vereins gebildet, so hat dieselbe nur dann einen gegen ein Strafgesetz verstoßenden Zweck, wenn sie sich zur Aufgabe setzt, auch die Gewinnaussichten nicht zugelassener Lotterien auszunutzen. Denn dann ist ihr Zweck, in nicht zugelassenen Lotterien zu spielen. Damit verstößt sie gegen Art. 1 des LottG. Es ist unbestritten, daß auch landesrechtliche Vorschriften Strafgesetze im Sinne des § 1 VerG. sind; nur dürfen sie nicht speziell vereinsgesetzlichen Inhalt haben (Stier-Somlo 29). Art. 1 LottG. hat allgemeinen Verbotsinhalt.

Beschränkt sich der Lotterieverein auf zugelassene Lotterien, dann sind aus den Gründen, die Rönnberg ausführt, landesrechtliche Strafbestimmungen unwirksam, da der Vereinszweck ein erlaubter ist.

Art. 10 ist also teilweise rechtsungültig.

Art. 11.

Die gleiche Strafe trifft denjenigen, welcher gewerbsmäßig in der Absicht, andere auszubeuten,

a) Anteile von Serien- oder Prämienlosen oder Urkunden, durch die solche Anteile zum Eigentum oder zum Gewinnbezug übertragen werden, feilhält, anderen überläßt oder zur Überlassung anbietet,

b) öffentlich oder in Mitteilungen, die für einen größeren Kreis von Personen bestimmt sind, insbesondere in einer in Bayern erscheinenden Zeitung oder in öffentlich ausgelegten, ausgestellten oder ausgehängten Ankündigungen unter dem Versprechen der Stundung des Preises oder der Beleihung der Papiere sich erbietet, Serien- oder Prämienlose anderen zu überlassen.

Die gleiche Strafe trifft auch denjenigen, welcher gewerbsmäßig solche Geschäfte wissentlich fördert.

Baden § 9. 1896 Einziger Art. Mecklenbg.-Str. II § 2. Braunschweig II § 2. Lübeck II § 2. Oldenburg II § 2. Hessen Ges. v. 11. IV. Mecklenbg.-Sch. II § 2. Preußen II § 2.

Vorbemerkung. Der Artikel 11 will verhindern, daß der wirtschaftliche Zweck der in dem Artikel 10 unter Strafe gestellten Handlungen auf anderem Wege straflos erreicht wird. Auf den Handel mit Lotterielosen erstreckt sich der Artikel 11 nicht, weil Lotterielose sich zu den unter b genannten Geschäften nicht eignen, die unter a fallenden Geschäfte aber, soweit sie Lotterielose zum Gegenstande haben, in dem Artikel 7 unter Strafe gestellt sind.

Bezüglich der Tragweite der Vorschrift unter a wird auf die Bemerkungen zu dem Artikel 7 verwiesen.

In den durch die Vorschrift unter b getroffenen Fällen besteht die Ausbeutung der Spiellustigen nach den bisherigen Erfahrungen hauptsächlich darin, daß der Unternehmer sich als Entgelt für die Stundung oder Beleihung und die Verwaltungskosten unter der Bezeichnung Kommission, Spesen und Zinsen monatliche Beträge zahlen läßt, die dem Spiellustigen mit Rücksicht auf die angeblichen günstigen Gewinnaussichten gering erscheinen, aber einem jährlichen Zinssatze bis zu 25% gleichkommen (Begr. 12).

1. Abweichend von Art. 7, aber in Übereinstimmung mit Art. 10 wird Ausbeutungsabsicht verlangt.

2. Bezüglich der einzelnen Tatbestandsmerkmale s. die Erl. zu Art. 2, 7 und 10.

3. Dem Haupttäter ist der Förderer gleichgestellt. Das Wissen des Förderers muß die Kenntnis von der Gewerbsmäßigkeit und der Ausbeutungsabsicht des Haupttäters umfassen. Der Förderer muß selbst gewerbsmäßig handeln.

Nicht gefordert ist, wie in Art. 7, daß der Förderer als Mittelsperson handelt.

Die Förderungshandlung ist delictum sui generis, sie hat nicht den akzessorischen Charakter der Beihilfe des § 49 StGB.; die Haupttat braucht also nicht begangen zu sein (a. M. Rönnberg II, 63).

4. Neben der Förderungshandlung ist auch eigentliche Beihilfe im Sinne des § 49 StGB. denkbar und strafbar (a. M. Rönnberg II, 63); die Beihilfe hat nicht zur Voraussetzung Gewerbsmäßigkeit des Gehilfen, wohl aber Vollendung der Haupttat.

5. Unter Stundung oder Beleihung wird die völlige wie die teilweise Stundung oder Beleihung verstanden (Begr. 13).

Zusatz.

I. Bezüglich der landesgesetzlichen Zuständigkeit zu Vorschriften im Sinne des Art. 11 im Verhältnis zur GewO. gilt das zu Art. 10 (Zusatz IV) Gesagte.

II. Auch das Gesetz vom 8. Juni 1871 betr. die Inhaberpapiere mit Prämien steht dem Art. 11 nicht im Wege. Dasselbe regelt nur, wie RGSt. 40, 368, s. auch 30, 116, zutreffend ausführt, die Ausgabe von Inhaberpapieren mit Prämien und soweit es in den §§ 2 und 3 Bestimmungen über die Weiterbegebung solcher Papiere trifft, hat es nur Inhaberpapiere im Auge, die der Bestimmung des § 1 zuwider ausgegeben und nach dem 30. April 1871 im Auslande ausgegeben sind. Über den Handel mit erlaubten Inhaberpapieren trifft dieses Gesetz überhaupt keine Bestimmungen. Die entgegengesetzte Meinung Rönnberg II, 53, daß in diesem Gesetz die Materie der Ausgabe und des Verkehrs mit Prämienlosen habe erschöpfend geregelt werden wollen, vermag einer unbefangenen Betrachtung gegenüber nicht Stand zu halten (s. Art. 9 Zusatz, Art. 10 Zusatz III).

Art. 12.

Wer nach einer rechtskräftigen Verurteilung wegen Vergehens gegen Artikel 10 oder 11 abermals einer dieser Vorschriften zuwiderhandelt, wird mit Gefängnis von einer Woche bis zu sechs Monaten und zugleich mit Geldstrafe von dreihundert bis zu sechstausend Mark oder mit einer dieser Strafen bestraft.

Art. 13.

Die Vorschrift des Artikel 12 findet Anwendung, auch wenn die frühere Strafe noch nicht oder nur teilweise vollstreckt oder gezahlt oder ganz oder teilweise erlassen ist; sie bleibt jedoch ausgeschlossen, wenn seit der Vollstreckung oder der Zahlung oder dem Erlasse der früheren Strafe oder seit der Verjährung der Strafvollstreckung bis zur Begehung der neuen Tat drei Jahre verflossen sind.

Baden § 10. | Preußen II §§ 3 u. 4.

Vorbemerkung. Die Artikel 12 und 13 regeln den Rückfall für die Fälle der Artikel 10 und 11 ebenso wie die Artikel 3 und 4 für die Fälle des Artikel 2. Durch die Fassung des Art. 12 ist außer Zweifel gestellt, daß die Vergehen gegen die Artikel 10 und 11 für die Frage des Rückfalls einander gleichstehen. Rückfällig ist sonach auch, wer nach einer rechtskräftigen Verurteilung wegen einer

Zuwiderhandlung gegen den Artikel 10 sich gegen den Artikel 11 verfehlt (Begr. 13).

1. S. d. Erl. zu Art. 3 und 4.

2. Die Strafverfolgung und Strafvollstreckung verjährt in 5 Jahren (§§ 67, 70 StGB.); die Strafverfolgung bei Begehung durch die Presse in 6 Monaten.

Art. 14.

Wer Gewinne für bevorstehende Ziehungen von Serien- oder Prämienlosen ohne Angabe der Zahl der an den Ziehungen teilnehmenden Stücke öffentlich oder durch Mitteilungen, die für einen größeren Kreis von Personen bestimmt sind, insbesondere durch Einrücken in eine in Bayern erscheinende Zeitung oder durch öffentliches Auslegen, Ausstellen oder Aushängen bekannt gibt, um zur Ausnutzung der Gewinnaussichten anzureizen, wird mit Geldstrafe bis zu einhundertfünfzig Mark bestraft.

Baden § 11. Preußen II § 5.

Vorbemerkung. In dem Artikel 14 ist die Verschleierung der Gewinnaussichten in öffentlichen oder für einen größeren Kreis von Personen bestimmten Ankündigungen als selbständiger Tatbestand unter Strafe gestellt. Sie geht regelmäßig von den Schwindelfirmen aus, gegen die sich die Artikel 10 und 11 richten; häufig läßt sich dies aber nicht nachweisen. Bei der Zulassung von Lotterien wird auch regelmäßig angeordnet, daß bei ihrer Anpreisung die Zahl der Lose anzugeben ist. Zuwiderhandlungen gegen diese „Vertriebsbedingung" fallen unter den Artikel 8, dessen Strafrahmen mit dem des Artikel 15 übereinstimmt (Begr. 13).

1. Bestraft wird die Verschleierung der Gewinnaussichten lediglich bei Prämien- oder Serienlosen, nicht bei Lotterie- oder Ausspielungslosen.

2. Die Verschleierung kann nur begangen werden durch Bekanntgabe der Gewinne für bevorstehende Ziehungen, ferner nur dadurch, daß die Zahl der an den Ziehungen teilnehmenden Stücke nicht mitgeteilt wird, des weiteren dadurch, daß diese Bekanntgabe öffentlich erfolgt, endlich dadurch, daß sie in der Absicht erfolgt, um zur Ausnutzung der Gewinnaussichten anzuregen.

3. Veröffentlichung der Gewinne nach der Ziehung fällt nicht unter Art. 14. Ebenso ist nach diesem Artikel nicht strafbar eine andere Verschleierung der Gewinnaussichten oder eine Verschleierung ohne den Anreizungszweck.

4. Insbesondere fällt unter Art. 15 eine Bekanntgabe, die zur Teilnahme an Prämienlosgesellschaften anreizen soll (Begr. 17).

5. Über die einzelnen Tatbestandsmerkmale s. Erl. zu Art. 2.

6. Über Strafe, Verjährung, Zuständigkeit s. Art. 8 N. 5ff.

Art. 15.

Jede einzelne Verfehlung gegen die Vorschriften dieses Gesetzes mit Ausnahme der Vorschriften in den Artikeln 1, 5 und 9, insbesondere jede einzelne Verkaufs-, Überlassungs- oder Vertriebshandlung, jedes einzelne Anbieten, Bereithalten, Auslegen, Ausstellen, Aushängen, Versenden eines Loses, eines Losabschnitts, eines Bezugsscheins, eines Anteilscheins, eines Angebots, einer Anzeige oder eines Lotterieplans, jedes einzelne Auffordern zur Beteiligung an Losgesellschaften, jedes einzelne Veröffentlichen und Bekanntgeben von Gewinnen wird als selbständige strafbare Handlung geahndet, auch wenn die einzelnen Handlungen zusammenhängen und auf einen einheitlichen Vorsatz des Täters oder Teilnehmers zurückzuführen sind.

Mehrere hiernach verwirkte Gefängnis- und Geldstrafen sind je für sich auf eine Gesamtstrafe zurückzuführen, die in einer Erhöhung der verwirkten schwersten Strafe besteht.

Das Maß der Gesamtstrafe darf den Betrag der verwirkten Einzelstrafen nicht erreichen, auch sechs Monate Gefängnis und zehntausend Mark Geldstrafe nicht übersteigen.

Diese Vorschriften finden auch Anwendung, wenn vor der Vollstreckung, Zahlung, Verjährung oder vor dem Erlasse der Strafe die Verurteilung wegen einer strafbaren Handlung erfolgt, die vor der früheren Verurteilung begangen war.

Anhalt § 4 Abs. 3.
Baden § 12.
Braunschw. § 2 Abs. 3.
Bremen § 2 Abs. 3.
Elsaß-Loth. § 4 Abs. 4.
Hessen Art. 2 Abs. 3.
Lippe § 3 Abs. 4.
Lübeck § 2 Abs. 3.
Mecklenburg-Sch. § 2 Abs. 8; II § 3.
Mecklenburg-Str. § 2 Abs. 3.
Oldenbg. Art. 7 Abs. 8.
Preußen II § 8.
Reuß ä. L. § 3 Abs. 8.
Reuß j. L. § 2 Abs. 3.
Sachsen-A. § 3 Abs. 3.
Sachsen-K. u. G. § 3 Abs. 3.
Sachsen-Mein. Art. 5 Abs. 3.
Sachsen-W. § 6 Abs. 3.
Schaumburg-Lippe § 3 Abs. 3.
Schwarzburg-R. § 2 Abs. 3.
Schwarzburg-S. § 3 Abs. 3
Württemberg Art. 5 Abs. 4.

Vorbemerkung. Der Artikel 15 schaltet für das Anwendungsgebiet des Gesetzes den Begriff der fortgesetzten Handlung aus. Dies findet seine Rechtfertigung darin, daß ohne eine solche Vorschrift die Zuwiderhandlungen nicht wirksam bekämpft werden könnten. Die Vorschrift ist zum Schutze der einzuführenden Staatslotterie und zum Schutze aller gemeinnützigen und wohltätigen Unternehmungen, zu deren Gunsten Lotterien zugelassen werden, sowie zum Schutze der Bevölkerung gegen Übervorteilung notwendig. Der Begriff des fortgesetzten Delikts würde es mit sich bringen, daß oft alle bis zur Urteilsfällung erfolgten gleichartigen Verfehlungen, z. B. alle Anbietungen von Losen, gleichviel ob sie an verschiedene Personen ergangen oder an verschiedene Orte versandt worden sind oder zeitlich auseinander liegen, oder ob sie dieselbe oder verschiedene Klassen oder Lotterien betreffen, als eine einzige strafbare Handlung betrachtet würden. Dies hätte zur Folge, daß Beschuldigte oft die rechtskräftige Erledigung des Strafverfahrens hinauszuschieben versuchten, um bis dahin ohne die Gefahr einer neuen strafrechtlichen Verfolgung und einer erheblichen Erhöhung der zu erwartenden Strafe das Gesetz weiter übertreten zu können. Auch müßten die nach einer Bestrafung erst ermittelten mit den abgeurteilten gleichartigen Verfehlungen, die vor der Bestrafung begangen wurden, ungesühnt bleiben, weil einer weiteren Strafverfolgung der Einwand der rechtskräftigen Erledigung entgegenstünde. Unter diesen Umständen bleibt nichts übrig, als dem preußischen Vorgehen folgend den Begriff der fortgesetzten Handlung für den Bereich des Entwurfs auszuschalten. Nur für die Zuwiderhandlungen gegen die Artikel 1, 5 und 9 kann wegen ihrer geringeren Gefährlichkeit hievon abgesehen werden. Die mit „insbesondere“ eingeleitete Anführung einzelner Handlungen gibt nur Beispiele. Ungerechtfertigten Härten, die sich aus der Ausschaltung des Begriffs der fortgesetzten Handlung ergeben könnten, beugen die Vorschriften in den Abs. 2 bis 4 des Artikel 15 vor, die sich auch auf den Artikel 2 erstrecken, während das preußische Gesetz vom 29. August 1904, dessen § 2 dem Artikel 2 entspricht, solche Vorschriften nicht enthält. Von den allgemeinen Vorschriften des Strafgesetzbuchs weichen die Abs. 2 bis 4 des Artikel 15 insofern ab, als auch mehrere Geldstrafen miteinander (nicht mit einer Gefängnisstrafe) zu einer

Gesamtstrafe von höchstens 10000 Mk. zu vereinigen sind und die Gesamtgefängnisstrafe die Dauer von sechs Monaten nicht übersteigen darf. Im übrigen sind die allgemeinen Vorschriften des Strafgesetzbuchs anzuwenden (Begr. 13).

1. Der Begriff des fortgesetzten Vergehens ist ausgeschaltet a) wenn mehrere Einzelhandlungen, auf demselben rechtswidrigen Vorsatz beruhend, zur gleichzeitigen Aburteilung kommen, b) wenn solche Einzelhandlungen nicht gleichzeitig zur Aburteilung kommen (Abs. 4).

In allen Fällen ist eine Gesamtstrafe nach Abs. 3 zu bilden, soweit dies überhaupt noch möglich ist. Das ist möglich auch bei nicht gleichzeitiger Aburteilung, wenn die früheren Strafen weder vollstreckt, noch gezahlt, noch verjährt, noch erlassen sind (Abs. 4).

2. Das fortgesetzte Delikt setzt voraus, daß sieht man von dem einheitlichen Vorsatze ab mehrere Strafhandlungen vorliegen. Das darf aber nicht dazu führen, daß man mehrere Einzelhandlungen, die ihrem inneren Wesen nach nur eine Tat darstellen, künstlich in eine Mehrheit von Handlungen zerlegt, sie zu einem fortgesetzten Delikt stempelt und dann wieder nach Art. 15 in einzelne und einzeln strafbare Handlungen zurückverwandelt.

3. Andererseits findet unser Artikel auch nur bei dem fortgesetzten Delikt Anwendung.

In den Fällen der Realkonkurrenz findet Art. 15, insbesondere auch dessen Abs. 2 und 3 keine Anwendung.

Die Strafenberechnung richtet sich vielmehr nach §§ 74 ff. StGB. (RGSt. 21, 44; Schiedermair 455).

4. Die Ausschaltung des Begriffs der fortgesetzten Handlung hat auch für die Verfehlungen Bedeutung, bei denen die gewerbsmäßige Begehung die Strafbarkeit begründet oder erhöht. Gewerbsmäßiges Handeln setzt allerdings den Willen voraus, eine fortgesetzte auf Erwerb gerichtete Tätigkeit auszuüben. Dieser Wille läßt sich aber nicht nur aus der Wiederholung der Handlung, sondern auch aus anderen Umständen feststellen. Es steht deshalb nichts im Wege, auch mehrere Verstöße gegen den Art. 2 Abs. 2, gegen die Artikel 7, 10 und 11 als selbständige Vergehen zu bestrafen (Begr. 14).

5. Nur als eine strafbare Handlung ist es anzusehen, wenn z. B. ein Loshändler einer Person gleichzeitig mehrere Lose derselben Lotterie anbietet oder verkauft (KGJ. vom 27. April 1908 in Sörgel IV, 370); ebenso ist es nur eine einzige strafbare Handlung, wenn ein Loshändler einer Person den Verkauf eines Loses anträgt und der Vertrag durch die Annahme des Antrages zustande kommt (Begr. 14) oder an mehrere Personen ein Los zu Miteigentum überträgt oder wenn der Täter in demselben Schaufenster mehrere Lose auslegt (Schiedermair 455).

6. Mehrere Delikte werden anzunehmen sein, wenn bei derselben Gelegenheit gleiche Lose an zwei Personen verkauft werden oder dieselbe Person zwei verschiedene Lose kauft (Schiedermair 455), oder wenn mehrere Lose derselben Lotterie, aber von verschiedenen Klassen zu verschiedenen Ziehungen versandt werden und der Absender bei jedem einzelnen Versendungsakt den Adressaten auf seine Kreditwürdigkeit prüft (BayObLG. 4, 133; s. auch 6, 88; 7, 19; 8, 317).

7. Wird ein Lotterievergehen in Idealkonkurrenz mit einem den allgemeinen Grundsätzen unterliegenden Vergehen oder Verbrechen begangen und ist für diese die schwerere Strafe angedroht, so ist das Strafgesetz mit der schwereren Strafandrohung anzuwenden (§ 73 StGB.). Art. 15 enthält keine Strafandrohung; er kommt daher nicht in Konkurrenz, sondern derjenige Artikel, dessen Tatbestand erfüllt ist. Auf diese Weise kann unter Anwendung des strengeren Strafgesetzes eine fortgesetzte Handlung angenommen und die Wirksamkeit des Art. 15 beseitigt werden (Schiedermair 455); RG. im Recht 1907, 324).

Dagegen findet Art. 15 Anwendung, wenn für das Lotterievergehen eine schwerere Strafe angedroht ist als für das mit ihm in ideeller Konkurrenz stehende Delikt.

8. Die Strafumwandlung nach Art. 15 ist folgende:

a) Ist lediglich auf Gefängnis erkannt, so sind die mehreren Strafen getrennt auszusprechen und sodann auf eine Gesamtgefängnisstrafe zurückzuführen.

Diese Gesamtgefängnisstrafe muß höher sein als die verwirkte schwerste Einzelstrafe.

Die Gesamtgefängnisstrafe darf die Summe der Einzelstrafen nicht erreichen, keinesfalls aber mehr als sechs Monate Gefängnis betragen. Beträgt schon die verwirkte Einzelstrafe sechs Monate, so ist eine Erhöhung nicht möglich.

b) Ist lediglich auf Geldstrafe erkannt, so sind auch hier die mehreren Geldstrafen getrennt auszusprechen und sodann auf eine Gesamtgeldstrafe zurückzuführen. Diese Gesamtgeldstrafe muß höher sein als die verwirkte schwerste Einzelgeldstrafe.

Sie darf aber die Summe der Einzelstrafen nicht erreichen und keinesfalls den Betrag von zehntausend Mark übersteigen.

c) Ist auf Gefängnisstrafe und auf Geldstrafe erkannt, so ist jede getrennt zu berechnen („je für sich") und die Gesamtstrafen sind einzeln nebeneinander auszusprechen.

d) Für die nicht beitreibbare Geldstrafe muß wiederum eventuell Gefängnis ausgesprochen werden; die Umwandlung hat nach § 78 Abs. 2 StGB. zu erfolgen. Auf diese Weise kann es zu einer Überschreitung der sechsmonatigen Gefängnisstrafe kommen.

Dem steht Abs. 2 unseres Artikels nicht entgegen; denn wenn er „das Maß der Gesamtstrafe" bestimmt, so ist das die Gesamtstrafe des Abs. 3, d. h. die „je für sich" berechnete Gesamtstrafe. Für die Umwandlung der gesonderten Gesamtgeldstrafe ist keine Abweichung von dem StGB. vorgesehen.

e) Auch für mehrfach verwirkte Haftstrafen ist nichts vorgesehen. Nach § 77 Abs. 2 StGB. ist auf den Gesamtbetrage zu erkennen, aber nicht über die Dauer von drei Monaten.

f) Soll an die Stelle der erkannten Geldstrafen wegen Uneinbringlichkeit H a f t treten, so ist die Höchstdauer gleichfalls drei Monate (§ 78 Abs. 2 StGB.). Nach Schiedermair 455 spricht dagegen, daß § 78 Abs. 2 von Umwandlung mehrerer Geldstrafen spricht; hier handle es sich aber nur um e i n e Geldstrafe. Dem ist nicht beizupflichten; denn der in Art. 15 gewählte Umwandlungsmodus stimmt in Abs. 3 mit § 74 Abs. 1 StGB. überein. Er zieht von dem StGB. abweichende Schlußfolgerungen, aber nur hinsichtlich der Gefängnisstrafe (§ 74 Abs. 3 StGB.) und hinsichtlich der Geldstrafe (§ 78 Abs. 1 StGB.). Bezüglich der zu substituierenden Freiheitsstrafe schreibt er nichts vor (s. oben c); er verbleibt sonach bei § 78 Abs. 2 StGB.

Zusatz.

B e d e u t u n g d e r a l l g e m e i n e n V o r s c h r i f t e n d e s S t G B. f ü r d a s L a n d e s s t r a f r e c h t.

Hier stehen sich drei Ansichten gegenüber:

a) Das Landesrecht ist an den allgemeinen Teil des StGB. überhaupt nicht gebunden. Denn zu den Materien, die das StGB. regelt, gehören nur die einzelnen für strafbar oder nicht für strafbar erklärten Handlungen, nicht aber die sog. allgemeinen Lehren (Liszt 96; Schiedermair, NebenG. 3; RGSt. 2, 33; 25, 54; 26, 13; 28, 103; 30, 31; 39, 1).

Das Reichsgericht 2, 33 führt aus: „Die Dispositive des Landesrechts erstreckt sich nicht bloß auf die fortdauernde Gültigkeit derjenigen Landesgesetze, welche zur Zeit der Publikation des StGB.s bereits gelten, vielmehr wird damit auch ausgesprochen, daß das StGB. dem Erlaß weiterer Strafvorschriften nicht entgegensteht, welche den in § 2 EG. StGB. bezeichneten Charakter haben, und das gilt nicht bloß bezüglich der unmittelbaren Strafvorschrift, sondern auch bezüglich derjenigen strafrechtlichen Grundsätze, welche im allgemeinen Teil des StGB.s getroffen sind; die Landesgesetzgebung ist befugt, bezüglich derjenigen Materien, welche von dem StGB. nicht berührt sind, Bestimmungen zu treffen, welche von jenen allgemeinen Bestimmungen abweichen."

b) Das Landesrecht ist an alle Bestimmungen des allgemeinen Teils gebunden (Binding: Handbuch des Strafrechts I, 308; Rönnberg I, 444 ff.; II, 80).

c) Das Landesrecht ist nur in einzelnen Beziehungen gebunden: über das Maß der Bindung herrschen wiederum Meinungsverschiedenheiten (Olshausen § 2 EG. StGB. N. 13; Frank § 2 EG. StGB. N. VI; Matthiessen).

Der ersteren Ansicht unter a ist der Vorzug zu geben; mit ihr stimmt — abgesehen von der feststehenden Spruchpraxis wohl aller deutschen Gerichte — auch Art. 4 des bayer. AG. StPO. vom 18. August 1879 überein.

Art. 4 Abs. 1 lautet: „Auf diejenigen Handlungen, welche nach besonderen neben dem Strafgesetzbuche für das deutsche Reich bestehenden Landesgesetzen mit Strafe bedroht sind, kommen die in der Einleitung und dem ersten Teile dieses Gesetzbuches enthaltenen Vorschriften insoweit zur Anwendung, als nicht nach dem Inhalte der einschlägigen Landesgesetze anders bestimmt ist."

Der Begriff des fortgesetzten Delikts ist im StGB. ausdrücklich überhaupt nicht geregelt. Erachtet man ihn lediglich als ein Ergebnis der Wissenschaft, dann steht seine Ablehnungsmöglichkeit überhaupt außer Zweifel.

Allein wie dem auch sei, nach dem dargelegten ist die Rechtsbeständigkeit des Art. 15 anzuerkennen.

Art. 16.

Die Art. 57 und 57a des Polizeistrafgesetzbuchs werden aufgehoben.

Art. 17.

Für den Geschäftsbetrieb der Preußisch-Süddeutschen Klassenlotterie sind Abgaben für den Staat und die gemeindlichen Verbände nicht zu entrichten.

Baden § 13. Elsaß-L. § 7. Württemberg Art. 9.

Vorbemerkung. Nach Artikel 4 des Staatsvertrags soll wegen des Betriebs der Preußisch-Süddeutschen Klassenlotterie und wegen des hieraus fließenden Einkommens deren Verwaltung in den Gebieten der vertragschließenden Staaten von allen Steuern und Abgaben frei bleiben, für wessen Rechnung solche auch immer erhoben werden.

Den Einnehmern der Preußisch-Süddeutschen Klassenlotterie soll wegen des Vertriebs von Losen und Losabschnitten dieser Lotterie irgendeine besondere Steuer oder Abgabe von dem Staate oder einem Kommunal- oder sonstigen Verbande nicht auferlegt werden.

Nach Ziff. IV des Schlußprotokolls sollen unter besonderen Steuern und Abgaben zu verstehen sein, die darauf abzielen, das Einkommen der Lotterie-Einnehmer, das sie als solche beziehen, in weitergehendem Maße steuerlich zu belasten, als es nach den allgemein geltenden Steuergesetzen belastet werden würde. Die Lotterie-Einnehmer sollen in dieser Eigenschaft steuerlich nicht als selbständige Gewerbetreibende, die der Gewerbsteuer unterliegen, betrachtet werden.

Die Vorschrift ist nach zweifacher Richtung von Bedeutung. Es soll der Betrieb der staatlichen Klassenlotterie für die staatliche Lotterieverwaltung selbst unter allen Umständen von Abgaben für den Staat und die gemeindlichen Verbände frei bleiben. Sodann soll aber auch außer Zweifel gestellt werden, daß die dem Vollzuge des Lotteriegesetzes gewidmete Tätigkeit der Einnehmer nicht die Eigenschaft einer gewerblichen Tätigkeit im Sinne der Steuergesetze und sonstiger über die Erhebung öffentlicher Abgaben bestehender Vorschriften hat und daher der Gewerbesteuer nach dem Gesetze vom 14. August 1910 nicht unterliegt. Selbstverständlich sind aber die Einnehmer mit ihren Einkünften aus der bezeichneten Tätigkeit als Einkünften aus Beruf usw. einkommensteuer- und umlagenpflichtig (Artikel 7 Abs. I Ziff. 4, Artikel 16 des Einkommensteuergesetzes vom 14. August 1910 (Begr. 15).

Art. 18.

Dieses Gesetz tritt gleichzeitig mit dem Staatsvertrage zwischen Bayern und Preußen zur Regelung der Lotterieverhältnisse vom 29. Juli 1911 in Kraft.

Vorbemerkung. Art. 18 ergibt sich ohne weiteres aus dem Zusammenhang des Gesetzes mit dem Staatsvertrag über die Preußisch-Süddeutsche Klassenlotterie. Seine Geltung auf die Dauer des Bestehens des Staatsvertrags zu beschränken, erschien nicht veranlaßt (Begr. 16).

1. Der Staatsvertrag (s. Anlage 1) ist veröffentlicht im Gesetz- und Verordnungsblatt Nr. 80 vom 12. Dezember 1912. Die Auswechslung der Ratifikationsurkunden fand am 30. November 1912 statt. Das Inkrafttreten eines Staatsvertrages bestimmt sich aus dessen Inhalt; die bayrische Verfassung erwähnt die Staatsverträge überhaupt nicht. Gesetze wiederum treten, soferne nichts anderes ausdrücklich vorgesehen ist, mit der Verkündigung in Kraft (Seydel: Bayr. Staatsrecht 2. Auflage II 313). Das LottG. enthält keine kalendermäßige Bestimmung des Tages seines Inkrafttretens, schiebt aber diesen Termin über den Verkündigungstag hinaus. Sohin bedarf der Tag seines Inkrafttretens noch der Verkündigung. Der Tag, an dem die Ratifikationsurkunden ausgetauscht wurden, fixiert lediglich die gegenseitige Bindung der vertragschließenden Staaten. Der Tag des Geltungsbeginns des Gesetzes aber ist der Tag, an dem der Staatsvertrag veröffentlicht wurde, also der 12. Dezember 1912.

III. Anlagen.

Anlage 1.

Bekanntmachung, den Staatsvertrag zur Regelung der Lotterieverhältnisse zwischen Bayern, Württemberg und Baden einerseits und Preußen andererseits betreffend.

K. Staatsministerium des Königlichen Hauses und des Äußern, K. Staatsministerium der Finanzen.

Nachstehend wird der zwischen dem Königreiche Bayern, dem Königreiche Württemberg und dem Großherzogtum Baden einerseits und dem Königreich Preußen andererseits am 29. Juli 1911 in Berlin abgeschlossene Staatsvertrag, betreffend die Regelung der Lotterieverhältnisse und das hiezu gehörige Schlußprotokoll mit dem Beifügen bekannt gegeben, daß die Auswechslung der Ratifikationsurkunden nach beiderseitiger Allerhöchster Genehmigung am 30. November 1912 stattgefunden hat.

München, den 5. Dezember 1912.

J. V.

Dr. Frhr. v. Hertling. Staatsrat v. Pausch.

Staatsvertrag zwischen Bayern, Württemberg und Baden einerseits und Preußen andererseits zur Regelung der Lotterieverhältnisse.

Nachdem Seine Königliche Hoheit Prinz Luitpold, des Königreichs Bayern Verweser, im Namen Seiner Majestät des Königs von Bayern, Seine Majestät der König von Württemberg sowie Seine Königliche Hoheit der Großherzog von Baden einerseits und Seine Majestät der König von Preußen andererseits übereingekommen sind, einen Vertrag zur Regelung der Lotterieverhältnisse zu schließen, haben die zu diesem Zwecke bestellten Kommissäre, nämlich:

für Bayern:

der Ministerialrat Dr. Wolf
und
der Legationsrat Dr. von Schoen,

für Württemberg:

der Generalmajor von Graevenitz
und
der Ministerialrat Dr. Hegelmaier,

für Baden:

der Ministerialdirektor Dr. Nieser,

für Preußen:

der Wirkliche Geheime Oberfinanzrat und Präsident der Generallotteriedirektion Dr. Lewald,
der Geheime Oberfinanzrat Dr. Goedecke
und
der Geheime Legationsrat Dr. Lentze,

unter dem Vorbehalt der landesherrlichen Genehmigung nachstehenden Staatsvertrag abgeschlossen:

Artikel 1.

Das Königreich Bayern, das Königreich Württemberg und das Großherzogtum Baden schließen sich für die Dauer dieses Vertrags der Königlich Preußischen Klassenlotterie an, die unter der Bezeichnung „Preußisch-Süddeutsche Klassenlotterie" fortgeführt und von der Königlich Preußischen Generallotteriedirektion in Berlin unter Aufsicht des Königlich Preußischen Finanzministers weiter verwaltet wird. Die Generallotteriedirektion, zu der die drei Süddeutschen Staaten ein gemeinschaftliches Mitglied stellen, hat das Recht, Lose und Losabschnitte der Preußisch-Süddeutschen Klassenlotterie innerhalb des gesamten Lotteriegebiets zu vertreiben und nach Maßgabe dieses Vertrags die zum Betriebe der Lotterie erforderlichen Anordnungen zu treffen.

Die Königlich Bayerische Regierung, die Königlich Württembergische Regierung und die Großherzoglich Badische Regierung werden je in ihrem Gebiete nach Benehmen mit der Königlich Preußischen Regierung (Generallotteriedirektion) an den geeigneten Orten ihres Landes die erforderliche Anzahl von Lotterieeinnehmern annehmen und sie der Generallotteriedirektion zur Betreibung der Geschäfte der Preußisch-Süddeutschen Klassenlotterie zur Verfügung stellen.

Wer nicht Lotterieeinnehmer der Preußisch-Süddeutschen Klassenlotterie oder Mittelsperson eines solchen ist, darf Lose oder Losabschnitte dieser Lotterie in Bayern, Württemberg und Baden nicht vertreiben.

Artikel 2.

Die Königlich Bayerische Regierung, die Königlich Württembergische Regierung und die Großherzoglich Badische Regierung verpflichten sich, während der Dauer dieses Vertrags für Rechnung ihrer Staatskassen weder eine eigene Lotterie einzurichten noch sich an einer anderen Lotterie zu beteiligen.

Auch werden sie sonstige öffentliche Geld-, Sach- oder gemischte Lotterien in ihren Gebieten höchstens insoweit genehmigen oder zulassen, als je der Gesamtpreis der zugelassenen Lose und Losabschnitte aller Lotterien und Ausspielungen in den ersten vier Jahren

80 Pfennig, in den nächsten drei Jahren 70 Pfennig, von da ab 60 Pfennig jährlich auf den Kopf der Bevölkerung nicht übersteigt.

Lotterien nach Art der Klassenlotterie und der Staatslotterien einschließlich der von einem Staate verpachteten Lotterien sind von der Genehmigung oder Zulassung ausgeschlossen.

Ziehungen dürfen nicht stattfinden während der Zeit des Vertriebs der Lose zur ersten Klasse einer Preußisch-Süddeutschen Klassenlotterie und während der Ziehung dieser Klasse.

Artikel 3.

Die Königlich Bayerische, die Königlich Württembergische und die Großherzoglich Badische Regierung werden gegen das Spielen in Geld-, Sach- oder gemischten Lotterien, die von ihnen nicht genehmigt oder zugelassen sind, und gegen den Vertrieb von Losen und Losabschnitten solcher Lotterien und Ausspielungen gesetzliche Strafbestimmungen erlassen, die mit den im Königreich Preußen bestehenden Strafvorschriften im wesentlichen übereinstimmen.

Ebenso werden die Regierungen der Süddeutschen Staaten während der Dauer des Vertrags ähnliche Strafbestimmungen gegen den Privathandel mit Losen der Preußisch-Süddeutschen Klassenlotterie erlassen und aufrechterhalten, wie sie im Königreich Preußen für den Privathandel mit preußischen Staatslosen in Geltung sind.

Artikel 4.

Wegen des Betriebs der Preußisch-Süddeutschen Klassenlotterie und wegen des hieraus fließenden Einkommens bleibt deren Verwaltung in den Gebieten der vertragschließenden Staaten von allen Steuern und Abgaben frei, für wessen Rechnung solche auch immer erhoben werden.

Den Einnehmern der Preußisch-Süddeutschen Klassenlotterie darf wegen des Vertriebs von Losen und

Losabschnitten dieser Lotterie irgendeine besondere Steuer oder Abgabe von dem Staate oder einem Kommunal- oder sonstigen Verbande nicht auferlegt werden.

Artikel 5.

Die Königlich Bayerische, die Königlich Württembergische und die Großherzoglich Badische Regierung sind befugt, für ihre Gebiete auf ihre Kosten je eine Behörde zu bestimmen, der die Anstellung, Überwachung, Bestrafung und Entlassung der Lotterieeinnehmer ihres Gebiets zusteht. Diese Behörde kann zur Überwachung auch Geschäftsprüfungen vornehmen. Daneben bleibt die Generallotteriedirektion zu Geschäftsprüfungen befugt, die sie nach vorheriger Verständigung der bestellten Landesbehörde durch ihre Mitglieder oder Beamten ausführen lassen kann.

Die Einnehmer der Süddeutschen Staaten erhalten die Benennung „Einnehmer der Preußisch-Süddeutschen Klassenlotterie". Die Einnehmerstellen führen die Bezeichnung „Königlich Bayerische (Königlich Württembergische, Großherzoglich Badische) Einnahme der Preußisch-Süddeutschen Klassenlotterie".

Vor der Annahme eines Lotterieeinnehmers wird der Generallotteriedirektion zur Äußerung etwaiger Bedenken Mitteilung gemacht werden. Die Bestrafung oder Entlassung eines Lotterieeinnehmers wird, und zwar in der Regel vorher, der Generallotteriedirektion zur Kenntnis gebracht werden.

Im übrigen werden die Regierungen der Süddeutschen Staaten bei der Annahme von Lotterieeinnehmern die Preußischen Vorschriften über deren Eigenschaften tunlichst zugrunde legen. Ebenso werden die Preußischen Vorschriften über die Sicherheitsleistung, die Geschäftsführung, die Stellung und die Vergütung der Lotterieeinnehmer auch für die Lotterieeinnehmer des Königreichs Bayern, des Königreichs Württemberg und des Großherzogtums Baden in Geltung gesetzt werden.

Die Lotterieeinnehmer werden, unbeschadet der Bestimmungen im Absatz 1 dieses Artikels, der Generallotteriedirektion unterstellt, die zur Erteilung von Warnungen und zu Vorhaltungen aus Anlaß der Geschäftsführung befugt ist. Von solchen Warnungen und Vorhaltungen ist der nach Absatz 1 dieses Artikels bestellten Behörde Mitteilung zu machen.

Die Zuteilung der Lose zum Vertriebe sowie eine etwaige nicht Strafzwecken dienende Kürzung der Zahl der zu vertreibenden Lose erfolgt unmittelbar von der Generallotteriedirektion, mit der auch die Abrechnung und der sonstige Geschäftsverkehr unmittelbar stattfindet. Über Beschwerden der Spieler, soweit sie nicht ausschließlich persönlicher Natur sind und deshalb von der nach Absatz 1 dieses Artikels bestimmten Behörde erledigt werden, entscheidet die Generallotteriedirektion.

Artikel 6.

Für ihre Beteiligung an der Preußisch-Süddeutschen Klassenlotterie erhalten Bayern, Württemberg und Baden jährlich einen Anteil an deren Ertrag, der in zwei gleichen, am 2. Januar und 1. Juli jedes Jahres fälligen Raten im voraus, die erste Rate am 1. Juli 1912 zahlbar ist.

Der Anteil beträgt in den ersten fünf Jahren der Vertragsdauer für Bayern 2,215,000 Mk., in Worten: zwei Millionen zweihundertfünfzehntausend Mark, für Württemberg 785,000 Mk., in Worten: siebenhundertfünfundachtzigtausend Mark, und für Baden 690,000 Mark, in Worten: sechshundertneunzigtausend Mark, jährlich. In den weiteren Jahren der Vertragsdauer, einschließlich der etwaigen Verlängerungen, wird für jedes Jahr ermittelt, wieviel Lose im Durchschnitt in der letzten Klasse der in dem vorhergehenden Jahre abgespielten beiden Lotterien von den innerhalb des einzelnen Staates bestellten Lotterieeinnehmern abgesetzt oder fest übernommen worden sind, und diese Losezahl, vervielfältigt mit einem Einheitssatze von 42 Mk., in Worten: zweiundvierzig Mark, für jedes Los, ergibt den Ertragsanteil, der in dem einzelnen weiteren Jahre zu zahlen ist. Auch für die ersten Jahre der Vertragsdauer wird der Ertragsanteil nach dieser Berechnung in denjenigen Jahren gezahlt, in welchen der so berechnete Anteil den vereinbarten festen Jahresbetrag übersteigt.

Ergibt sich während der ersten fünf Jahre der Vertragsdauer gegenüber dem den drei süddeutschen Staaten als Anteil an dem Ertrage der Lotterie zugesicherten festen Jahresbetrag in einem dieser Staaten für Preußen ein Verlust, so wird für jedes weitere Jahr der im Artikel 8 Abs. 1 bezeichneten Vertragsdauer der Berechnung des Ertragsanteils des betreffenden Staates ein Einheitssatz von nur 40 Mk., in Worten: vierzig Mark, für jedes Los so lange zugrunde gelegt, bis der Verlust Preußens ausgeglichen ist.

Falls während der Dauer dieses Vertrags der sich zurzeit auf $161^2/_3$ Mk. belaufende, als Spielkapital dienende reine Einsatzpreis eines Loses, das ist der Gesamtpreis abzüglich Reichsstempelabgabe und Schreibgebühr des Einnehmers, oder die Höhe der planmäßigen Gewinnabzüge des Staates, die gegenwärtig 14 vom Hundert betragen, geändert werden sollten, ändert sich in entsprechendem Verhältnisse, jedoch unter Abrundung auf den nächst höheren Pfennigbetrag, auch der der Anteilsbemessung zugrunde zu legende Einheitssatz von 42 Mk. und der für die Verlustausgleichung maßgebende Einheitspreis von 40 Mk.

Artikel 7.

Die Einrichtung, die Verwaltung und der Betrieb der Preußisch-Süddeutschen Klassenlotterie, einschließlich der Verteilung der Lose an die innerhalb des Königreichs Bayern, des Königreichs Württemberg und des Großherzogtums Baden anzunehmenden Lotterieeinnehmer, ist Aufgabe der Generallotteriedirektion.

Diese wird dabei den im Königreich Bayern, im Königreich Württemberg und im Großherzogtum Baden angenommenen Lotterieeinnehmern, soweit Lose hierzu verfügbar sind, mindestens diejenige Zahl von Losen überweisen, welche die Einnehmer für alle Klassen zweier aufeinander folgenden Lotterien fest zu übernehmen sich verpflichten. Den im Königreich Preußen und in sonstigen Absatzgebieten der Preußisch-Süddeutschen Klassenlotterie bestellten Lotterieeinnehmern werden keine günstigeren Bedingungen wegen des Vertriebs und der Zahl der ihnen überwiesenen Lose zugestanden werden als den in den Königreichen Bayern und Württemberg sowie im Großherzogtum Baden angenommenen Einnehmern.

Auch wird Vorsorge getroffen werden, daß für die Bewohner Bayerns, Württembergs und Badens genügende Gelegenheit geschaffen wird, Lose der Preußisch-Süddeutschen Klassenlotterie von den im eigenen Lande bestellten Lotterieeinnehmern zu beziehen.

Artikel 8.

Der gegenwärtige Vertrag wird vorbehaltlich der Bestimmung im Art. 9 auf die Zeitdauer vom 1. Juli 1912 bis zum 30. Juni 1927 geschlossen, so daß die letzte Ertragsanteilzahlung am 2. Januar 1927 zu erfolgen hat.

Der Vertrag gilt jedesmal als für einen Zeitraum von fünf Jahren verlängert, wenn er nicht mindestens ein Jahr vor Ablauf seiner Geltungsdauer von einem der vertragschließenden Teile gekündigt wird. Das Kündigungsrecht steht jeder der drei süddeutschen Regierungen selbständig zu. Erfolgt eine derartige Kündigung, so soll der Vertrag für die anderen Regierungen weiter in Geltung bleiben, ebenso wie in dem Falle, wenn die Königlich Preußische Regierung die Kündigung des Vertrags nicht gegenüber allen drei süddeutschen Regierungen aussprechen sollte.

Artikel 9.

Die Generallotteriedirektion ist berechtigt, Lose für die Preußisch-Süddeutsche Klassenlotterie in den Gebieten der drei süddeutschen Staaten durch die daselbst anzunehmenden Lotterieeinnehmer schon vor dem 1. Juli 1912 zu vertreiben und die hierzu nötigen Anordnungen nach Maßgabe dieses Vertrags schon vor diesem Zeitpunkte zu treffen.

Anderseits sind, falls dieser Vertrag von einer Seite gekündigt und nicht durch einen anderen Vertrag ersetzt wird, die Regierungen der süddeutschen Staaten befugt, sofern sie alsdann nach der Beendigung des Vertragsverhältnisses mit Preußen eine eigene Staatslotterie einzurichten oder eine andere Lotterie zuzulassen gewillt sind, die hierzu nötigen Veranstaltungen, einschließlich des Losevertriebs, schon von dem dem Vertragsablaufe vorhergehenden 1. Juli ab zu treffen oder zu gestatten.

Artikel 10.

Der Königlich Preußischen Regierung bleibt es unbenommen, noch mit anderen Staaten Verträge zur Regelung der Lotterieverhältnisse zu schließen.

Artikel 11.

Dieser Vertrag soll beiderseits zur landesherrlichen Genehmigung vorgelegt werden; der Austausch der Ratifikationsurkunden soll sobald wie möglich in Berlin bewirkt werden.

Dessen zu Urkund haben die Kommissare den gegenwärtigen Vertrag unterzeichnet und ihre Siegel beigedrückt.

So geschehen in Berlin, den 29. Juli 1911.

gez. Dr. Wilhelm Wolf.	gez. Dr. Hans von Schoen.
gez. Fritz von Graevenitz.	gez. Dr. Leop. Hegelmaier.
gez. Dr. Fritz Rieser.	gez. Dr. Felix Lewald.
gez. Dr. Adolf Goedecke.	gez. Dr. Albrecht Lentze.

Schlußprotokoll zum Staatsvertrag vom 29. Juli 1911.

Die unterzeichneten Kommissare waren heute zusammengetreten, um zum Abschluß und zur Vollziehung des wegen Regelung der Lotterieverhältnisse zwischen Bayern, Württemberg und Baden einerseits und Preußen andererseits vereinbarten Staatsvertrags zu schreiten.

Hierbei sind in das gegenwärtige Schlußprotokoll nachstehende, mit den Vereinbarungen des Vertrags selbst gleich verbindliche Erklärungen aufgenommen worden:

I.

Jede der beteiligten Regierungen schließt den Vertrag nur unter der Voraussetzung der Zustimmung der Landesvertretung ihres Staates ab.

Wird auf seiten eines der süddeutschen Staaten die erforderliche Zustimmung von der Landesvertretung nicht erteilt, so soll der Vertrag zwischen der Königlich Preußischen Regierung und den betreffenden anderen Regierungen oder auch nur der einen anderen Regierung gleichwohl gelten.

II.

Zu Artikel 1 Abs. 1 und 2.

1. Die Königlich Bayerische Regierung, die Königlich Württembergische Regierung und die Großherzoglich Badische Regierung sind darüber einig, daß das süddeutsche Mitglied der Königlich Preußischen Generallotteriedirektion bis auf weitere Vereinbarung von der Königlich Bayerischen Regierung vorgeschlagen wird. Es ist in Aussicht genommen, hierzu eine juristisch vorgebildete Persönlichkeit auszuwählen, damit dem Mitgliede gleichzeitig Justitiargeschäfte übertragen werden können. Das Mitglied wird von Seiner Majestät dem König von Preußen ernannt werden und während seiner Beschäftigung bei der Generallotteriedirektion Besoldung und Wohnungsgeldzuschuß aus der Königlich Preußi-

schen Staatskasse nach Maßgabe der für die Lotteriedirektoren geltenden Preußischen Bestimmungen beziehen, denen es während dieser Zeit auch im übrigen unterworfen sein soll. Das Mitglied kann von der beteiligten Regierung jederzeit in ihren Landesdienst zurückberufen werden. Tritt das Mitglied in den Ruhestand, so soll ihm Ruhegehalt nach den Vorschriften der Preußischen Gesetzgebung aus der Königlich Preußischen Staatskasse gezahlt werden.

2. Die Regierungen der süddeutschen Staaten werden den bezüglich der Zahl oder der Sitze der Lotterieeinnahmen von der Generallotteriedirektion etwa geäußerten Bedenken nach Möglichkeit Rechnung tragen.

III.

Zu Artikel 2 Abs. 1 bis 3.

1. Die Bestimmung im Artikel 2 Abs. 1 des Vertrags findet nicht nur auf die nach Art der gegenwärtigen Staatslotterien als dauernde Einrichtung veranstalteten, sondern auch auf einmalige Lotterien Anwendung.

2. Die vertragschließenden Regierungen befinden sich darüber im Einverständnisse, daß die bei Abschluß des Vertrags für die süddeutschen Staaten bereits zugelassenen Privatgeldlotterien von der Bestimmung im Artikel 2 Abs. 2 des Vertrags insoweit mitberührt werden, als der Gesamtpreis der nach dem 1. Juli 1912 zur Ausgabe gelangenden Lose in den dort vorgesehenen Gesamtpreis eingerechnet wird. Ist eine Lotterie in mehreren Staaten zugelassen, so wird nur der Gesamtpreis der in einem Vertragsstaate zugelassenen Lose auf den für letzteren vorgesehenen Gesamtpreis angerechnet. Hat eine Ausscheidung nicht stattgefunden, so erfolgt die Anrechnung nach dem Verhältnisse der Bevölkerungszahlen in den Staaten, in denen die Lotterie zugelassen wurde.

3. Die vertragschließenden Regierungen werden im Interesse des finanziellen Ergebnisses der Preußisch-Süddeutschen Klassenlotterie bei Genehmigung oder Zu-

lassung von Geld-, Sach- oder gemischten Lotterien tunlichste Zurückhaltung üben.

4. Die Regierungen der drei süddeutschen Staaten werden der Königlich Preußischen Regierung von der Genehmigung oder Zulassung jeder einzelnen Lotterie, dem Namen und der Firma ihres Generalunternehmers und ihrem Spielplane vierteljährlich Mitteilung machen. Eine gleiche Mitteilung wird die Königlich Preußische Regierung auf Verlangen den Regierungen der drei süddeutschen Staaten machen.

5. Unter Lotterien „nach Art der Klassenlotterie" im Sinne des Artikel 2 Abs. 3 des Vertrags sind die Lotterien zu verstehen, die in mehreren Klassen und mit steigenden Gewinnaussichten unter Leistung von Nachzahlungen gespielt werden.

IV.

Zu Artikel 4 Abs. 2.

1. Unter besonderen Steuern und Abgaben sind nur solche Steuern und Abgaben zu verstehen, die darauf abzielen, das Einkommen der Lotterieeinnehmer, das sie als solche beziehen, in weitergehendem Maße steuerlich zu belasten, als es nach den allgemein geltenden Steuergesetzen belastet werden würde.

2. Die Lotterieeinnehmer sollen in dieser Eigenschaft steuerlich nicht als selbständige Gewerbetreibende, die der Gewerbsteuer unterliegen, betrachtet werden.

V.

Zu Artikel 5 Abs. 1 bis 4 und 6.

1. Die Regierungen der süddeutschen Staaten werden die Anordnungen, die sie für die im Artikel 5 Abs. 1 des Vertrags bezeichnete Behörde etwa erlassen, zur Kenntnis der Königlich Preußischen Regierung bringen.

2. Die Lotterieeinnehmer sind nicht Staatsbeamte. Es soll aber den beteiligten Regierungen unbenommen bleiben, zu bestimmen, daß über die Geschäftsfirma der Einnehmerstelle das Landeswappen zu setzen ist.

3. Die Regierungen der süddeutschen Staaten werden die von der Generallotteriedirektion gegen die Annahme eines Lotterieeinnehmers etwa geäußerten Bedenken sowie die von ihr gegebenen Anregungen auf Bestrafung oder Entlassung eines Lotterieeinnehmers prüfen und ihnen nach Möglichkeit Rechnung tragen. Wenn trotz des Widerspruchs der Generallotteriedirektion die Annahme eines Lotterieeinnehmers erfolgt oder von der Entlassung eines solchen abgesehen wird, so haftet die betreffende Regierung für jeden hieraus entstehenden Schaden.

4. Die von den süddeutschen Lotterieeinnehmern verwirkten Vertragsstrafen fließen in die Einzelstaatskassen der süddeutschen Staaten. Die von ihnen für ihre Geschäftsführung zu leistende Sicherheit ist für die Königlich Preußische Staatskasse, vertreten durch die Generallotteriedirektion in Berlin, zu bestellen. Sie ist in Schuldverschreibungen des Deutschen Reichs oder in solchen der einzelnen an der Preußisch-Süddeutschen Klassenlotterie beteiligten Bundesstaaten oder in entsprechenden Schuldbuchforderungen zu leisten. Welche weiteren Wertpapiere hierzu etwa noch verwendet werden können, bleibt der Vereinbarung mit der Königlich Preußischen Regierung im Wege des Schriftwechsels vorbehalten.

5. Wird durch die endgültige oder einstweilige Erledigung einer Lotterieeinnehmerstelle oder aus anderem Anlaß, insbesondere im Anschluß an eine Geschäftsprüfung, die dringliche Einrichtung einer vorläufigen Verwaltung der Stelle oder eine ähnliche dringliche Maßregel nötig, so wird die nach Artikel 5 Absatz 1 des Vertrags zuständige Behörde das Erforderliche veranlassen, sich gegebenenfalls mit der Generallotteriedirektion tunlichst vorher ins Benehmen setzen, jedenfalls aber dieser sogleich nach Eintritt des betreffenden Falles Mitteilung zugehen lassen.

6. Die vertragschließenden Regierungen befinden sich darüber im Einverständnisse, daß es der Generallotteriedirektion auch, abgesehen von den Fällen des Artikel 5 Absatz 6 des Vertrags, unbenommen bleiben

muß, in Angelegenheiten, die von geschäftlichem Interesse für sie sind, mit den zuständigen Behörden und Beamten Bayerns, Württembergs und Badens sich in Verbindung zu setzen, in dringenden Fällen unmittelbar, sonst durch Vermittelung der nach Artikel 5 Absatz 1 des Vertrags berufenen Behörde.

VI.

Zu Artikel 6.

1. Ein Verlust im Sinne des Artikel 6 Absatz 3 des Vertrags ist vorhanden, wenn und insoweit der durch den Absatz von Losen in einem der süddeutschen Staaten für die Preußische Staatskasse erzielte Gewinn die von Preußen in den ersten fünf Jahren der Vertragsdauer gezahlten festen Jahressummen nicht erreicht. Als Gewinn gilt hierbei ein dem planmäßigen Gewinnabzug entsprechender Prozentsatz (gegenwärtig 14 vom Hundert) von allen durch die Einnehmer des betreffenden Staates tatsächlich vereinnahmten Einsatzgeldern für die abgesetzten und die von den Einnehmern fest übernommenen Lose (Lose, Erneuerungslose, Freilose, Kauflose, verlassene und anderweitig verkaufte Erneuerungslose, abgelehnte und anderweitig verkaufte Freilose). Bei der Abbürdung des Gesamtverlustes wird in jedem Jahr derjenige Betrag abgeschrieben, der sich aus dem Unterschiede zwischen dem nach Satz 2 zu berechnenden Jahresgewinne Preußens und dem nach Art. 6 Absatz 3 des Vertrags zu zahlenden Ertragsanteil ergibt. Zinsen sollen bei der Berechnung des Verlustes nicht in Ansatz kommen.

2. War der reine Einsatzpreis eines Loses oder der Prozentsatz der planmäßigen Gewinnabzüge in den beiden für die Bemessung des Ertragsanteils oder der nachträglichen Anteilserhöhung nach Artikel 6 des Vertrags maßgebenden Lotterien nicht der gleiche, so wird für jede einzelne Lotterie der Ertragsanteil der süddeutschen Staaten gesondert berechnet und hieraus der Durchschnitt für das ganze Jahr ermittelt. Haben sowohl der Einsatzpreis als auch der Gewinnabzug Ande-

rungen erfahren, so bestimmt sich die Änderung des Einheitssatzes nach dem Verhältnisse sowohl des durchschnittlichen Einsatzpreises als auch des durchschnittlichen Gewinnabzugs zu dem gegenwärtigen.

3. Solange die Berechnung des Anteils nach Artikel 6 Absatz 2 oder 4 des Vertrags noch nicht fertiggestellt ist, erfolgen die Zahlungen in den ersten fünf Jahren nach dem vereinbarten Jahresbetrag, in den folgenden Jahren nach der im Vorjahre gezahlten Jahressumme. Ergibt sich bei der demnächstigen Feststellung, daß den süddeutschen Staaten ein geringerer oder ein höherer als der gezahlte Betrag zustand, so wird der zuviel gezahlte Betrag je zur Hälfte von den beiden zunächst fällig werdenden Raten gekürzt, ein zu wenig gezahlter der zunächst fälligen Rate hinzugesetzt. Für die ersten fünf Jahre der Vertragsdauer gilt dies nur, wenn den süddeutschen Staaten ein höherer Betrag zustehen würde.

4. Die Generallotteriedirektion wird den von den Regierungen der süddeutschen Staaten gemäß Artikel 5 Absatz 1 des Vertrags bestimmten Behörden nach Abspielung von jeder Preußisch-Süddeutschen Klassenlotterie tunlichst bald nach dem Ende der Ziehung jeder dieser Lotterien Mitteilung über den Loseabsatz machen, der in diesen von den in ihrem Lande bestellten Lotterieeinnehmern erzielt worden und nach Artikel 6 Absatz 2 des Vertrags für die nächste Anteilsbemessung maßgebend ist; auch wird sie den bezeichneten Behörden von dem Plane jeder Preußisch-Süddeutschen Klassenlotterie Kenntnis geben.

5. Wenn in einem Berechnungsjahre (1. Juli bis 30. Juni) im Falle eines Krieges oder sonstigen Ereignisses Lotterien nicht abgespielt werden sollten, so ist für dieses Jahr an die süddeutschen Staaten ein Anteil nicht zu zahlen. Sollte aus den vorerwähnten Gründen in einem Berechnungsjahre nur eine Lotterie oder eine Lotterie nur zum Teil abgespielt werden, so ist der Anteil für dieses Jahr nur zur Hälfte bzw. zu dem entsprechenden Teile zu zahlen. Der Berechnung des Anteils für das nächste Jahr, in dem die regel-

mäßige Abspielung von Lotterien wieder aufgenommen wird, wird nach Ablauf der Garantiezeit der Loseabsatz in dem Berechnungsjahr vor Eintritt des Ereignisses zugrunde gelegt, in dem letztmals die beiden Lotterien abgespielt wurden.

VII.

Zu Artikel 7.

1. Die Königlich Preußische Regierung wird von allen wesentlichen Änderungen des festgesetzten Spielplans und der geltenden Geschäftsanweisungen für die Generallotteriedirektion und für die Lotterieeinnehmer den Regierungen der drei süddeutschen Staaten rechtzeitig vorher Mitteilung zugehen lassen.

2. Die Zahl der den Lotterieeinnehmern zugewiesenen und von ihnen abgesetzten Lose soll nicht einseitig wieder vermindert werden.

3. Die infolge des Vertrags ausgegebenen neuen Lose sollen in erster Linie auf die süddeutschen Staaten nach Verhältnis ihrer Bevölkerungszahl verteilt und den Lotterieeinnehmern dieser Staaten zur Verfügung gehalten werden. Wenn und insoweit den Lotterieeinnehmern eines süddeutschen Staates die hiernach auf den einzelnen Staat entfallende Zahl von Losen noch nicht zugewiesen worden ist, sollen die verfügbar gebliebenen Lose bei Bedarf in erster Linie den Lotterieeinnehmern dieses Staates zugeteilt werden. Ebenso soll bei weiteren Vermehrungen der Gesamtzahl der Lose der Preußisch-Süddeutschen Klassenlotterie jedesmal eine entsprechende Ausgleichung herbeigeführt werden.

4. Auch im übrigen sollen die Regierungen der süddeutschen Staaten hinsichtlich der Zahl der ihren Lotterieeinnehmern zuzuweisenden Lose tunlichste Berücksichtigung ihrer Wünsche und eine gleichmäßige Behandlung ihrer Lotterieeinnehmer gegenüber den preußischen Einnehmern im Rahmen des Bedürfnisses des Loseabsatzes erwarten dürfen.

5. Den süddeutschen Lotterieeinnehmern soll der Loseabsatz nach dem Vertragsausland innerhalb der

durch die Vorschriften über die Geschäftsführung (Artikel 5 Absatz 4 des Vertrags) gezogenen Grenzen nicht verwehrt sein.

VIII.

Zu Artikel 9.

Für den Vertrieb der Lose durch die beiderseitigen Lotterieeinnehmer der vertragschließenden Teile gelten die beteiligten Staatsgebiete mit Beginn des Vertriebs der Lose zur 1. Preußisch-Süddeutschen (227. Königlich Preußischen) Klassenlotterie untereinander als Inland. Die Generallotteriedirektion wird dahin wirken, daß die preußischen Lotterieeinnehmer auch schon in der Zeit vor dem 1. Juli 1912 sich jedes Versuchs, Lose in den süddeutschen Staaten abzusetzen, enthalten.

Die mit dem vereinbarten Entwurf übereinstimmend befundenen vier Ausfertigungen des Vertrags sind hierauf von den Kommissaren unterzeichnet und untersiegelt worden und es haben die Kommissare der Königlich Bayerischen, der Königlich Württembergischen und der Großherzoglich Badischen Regierung sowie der Königlich Preußischen Regierung je eine Ausfertigung des Vertrags und des Schlußprotokolls entgegengenommen.

So geschehen in Berlin, den 29. Juli 1911.

gez. Dr. Wilhelm Wolf,	gez. Dr. Hans von Schoen,
gez. Fritz von Graevenitz,	gez. Dr. Leop. Hegelmaier
gez. Dr. Fritz Rieser,	gez. Dr. Felix Lewald,
gez. Dr. Adolf Goedecke,	gez. Dr. Albrecht Lentze.

Anlage 2.

KAV. vom 1. Juli 1867, die Bewilligung zur Veranstaltung öffentlicher Lotterien und Ausspiegelungen und zur Aufstellung von Glücksbuden an öffentlichen Orten betr. (RegBl. 809).

§ 1.

Die Bewilligung zu öffentlichen Lotterien oder Ausspielungen beweglicher Sachen oder zur Aufstellung von Glücksbuden an öffentlichen Orten wird erteilt:

1. von der einschlägigen Kreisregierung, Kammer des Innern, wenn der Absatz der Lose sich nur auf den Regierungsbezirk erstreckt,
2. von dem Staatsministerium des Innern, wenn dieser Absatz auf mehrere oder alle Regierungsbezirke ausgedehnt oder die Bewilligung zu periodisch wiederkehrenden Lotterien oder Ausspielungen nachgesucht wird.

Bei Erteilung der Bewilligung zur Veranstaltung öffentlicher, aus Anlaß von Jahrmärkten, Kirchweihen oder Volksfesten unternommener Lotterien oder Ausspielungen unbedeutender Gegenstände ohne Geldgewinste und gegen geringen Einsatz ist die Zustimmung der betreffenden Ortspolizeibehörden vorzubehalten.

§ 2.

Von den Bestimmungen des § 1 sind die in Wirtshäusern veranstalteten Lotterien oder Ausspielungen von Eßwaren ausgenommen, zu welchen die Bewilligung von der Ortspolizeibehörde, in der Haupt- und Residenzstadt München von der Polizeidirektion[1]) erteilt wird.

---

[1]) Nunmehr von den K. Polizeiämtern (lit. B Ziff. 8 d. MB. vom 25. Juni 1898, GVBl. S. 347), vgl. auch Ziff. 7 d. MB. vom 12. Januar 1900 GVBl. S. 25.

§ 3.

Unsere allerhöchste Bewilligung ist erforderlich:

1. zu öffentlichen Lotterien oder Ausspielungen von unbeweglichen und denselben gleichgeachteten Sachen,
2. zu Lotterie-Anlehen,
3. zur Zulassung von Lotterien, Ausspielungen oder Lotterie-Anlehen des Auslandes.

Auf auswärtige Staatsanlehen, sowie auf im Auslande mit Genehmigung der betreffenden Staatsregierung negozierte Privatgeldanlehen, deren Verzinsung und Tilgung mit einer Verlosung und mit Prämien verbunden ist, findet die vorstehende Bestimmung nicht Anwendung; vielmehr ist der An- und Verkauf der Lose solcher auswärtiger Anlehen im Königreiche gestattet, sofern nicht von Unseren Staatsministerien des Innern und des Handels und der öffentlichen Arbeiten[2]) bezüglich des Verkehrs mit Losen einzelner solcher Lotterie-Anlehen Verbote oder beschränkende Bestimmungen erlassen wurden.

§ 4.

Gegenwärtige Verordnung, durch welche die Verordnung vom 24. Juni 1862 (Reg.-Bl. S. 1426 ff.) aufgehoben wird, tritt mit dem Tage ihrer Verkündung für den ganzen Umfang des Königreiches in Wirksamkeit.

Anlage 3.

Strafgesetzbuch für das Deutsche Reich.

§ 284.

Wer aus dem Glücksspiele ein Gewerbe macht, wird mit Gefängnis bis zu zwei Jahren bestraft, neben welchem auf Geldstrafe von dreihundert bis zu sechs tausend Mark, sowie auf Verlust der bürgerlichen Ehrenrechte erkannt werden kann.

[2]) An Stelle des Handelsministeriums ist gemäß KAB. vom 1. Dezember 1871, RBl. S. 1833, das Ministerium des Innern getreten.

Ist der Verurteilte ein Ausländer, so ist die Landespolizeibehörde befugt, denselben aus dem Bundesgebiete zu verweisen.

§ 285.

Der Inhaber eines öffentlichen Versammlungsorts, welcher Glücksspiele daselbst gestattet oder zur Verheimlichung solcher Spiele mitwirkt, wird mit Geldstrafe bis zu eintausendfünfhundert Mark bestraft.

§ 286.

Wer ohne obrigkeitliche Erlaubnis öffentliche Lotterien veranstaltet, wird mit Gefängnis bis zu zwei Jahren oder mit Geldstrafe bis zu dreitausend Mark bestraft.

Den Lotterien sind öffentlich veranstaltete Ausspielungen beweglicher oder unbeweglicher Sachen gleich zu achten.

§ 360.

Mit Geldstrafe bis zu einhundertfünfzig Mark oder mit Haft wird bestraft: . . .

14. wer unbefugt auf einem öffentlichen Wege, einer Straße, einem öffentlichen Platze oder in einem öffentlichen Versammlungsorte Glücksspiele hält.

In den Fällen der Nummern . . . 14 kann neben der Geldstrafe oder der Haft auf Einziehung . . . der auf dem Spieltische oder in der Bank befindlichen Gelder erkannt werden, ohne Unterschied, ob sie dem Verurteilten gehören oder nicht.

§ 361.

Mit Haft wird bestraft: . .

5. wer sich dem Spiel, . . dergestalt hingibt, daß er in einen Zustand gerät, in welchem zu seinem Unterhalte oder zum Unterhalte derjenigen, zu deren Ernährung er verpflichtet ist, durch Vermittelung der Behörde fremde Hilfe in Anspruch genommen werden muß.

Anlage 4.

Gewerbeordnung für das Deutsche Reich.

§ 6 Abs. 1 Satz 2.

Auf . . . den Vertrieb von Lotterielosen . . . findet das gegenwärtige Gesetz nur insoweit Anwendung, als dasselbe ausdrückliche Bestimmungen darüber enthält.

§ 35.

I Die Erteilung von Tanz-, Turn- und Schwimmunterricht als Gewerbe, sowie der Betrieb von Badeanstalten ist zu untersagen, wenn Tatsachen vorliegen, welche die Unzuverlässigkeit des Gewerbetreibenden in bezug auf diesen Gewerbebetrieb dartun.

II Unter derselben Voraussetzung sind zu untersagen: . . . der Handel mit Losen von Lotterien und Ausspielungen, oder mit Bezugs- oder Anteilscheinen auf solche Lose.

VI Ist die Untersagung erfolgt, so kann die Landeszentralbehörde oder eine andere von ihr zu bestimmende Behörde die Wiederaufnahme des Gewerbebetriebs gestatten, sofern seit der Untersagung mindestens ein Jahr verflossen ist.

VII Personen, welche die in diesem Paragraphen bezeichneten Gewerbe beginnen, haben bei Eröffnung ihres Gewerbebetriebes der zuständigen Behörde hiervon Anzeige zu machen.

§ 56 Abs. 2.

Ausgeschlossen vom Ankauf oder Feilbieten im Umherziehen sind:

5. Staats- und sonstige Wertpapiere, Lotterielose, Bezugs- und Anteilsscheine auf Wertpapiere und Lotterielose.

§ 56 a.

Ausgeschlossen vom Gewerbebetrieb im Umherziehen sind ferner:

2. . . . Das Aufsuchen von Bestellungen auf Staats- und sonstige Wertpapiere, Lotterielose und Bezugs- und Anteilscheine auf Wertpapiere und Lotterielose.

§ 148.

Mit Geldstrafe bis zu einhundertfünfzig Mark und im Unvermögensfalle mit Haft bis zu vier Wochen wird bestraft:

4. wer der nach § 35 gegen ihn ergangenen Untersagung eines Gewerbebetriebs zuwiderhandelt oder die im § 35 vorgeschriebene Anzeige unterläßt.

7a. Wer dem § 56 Abs. 2 Ziff. 1 bis 5, den §§ 56a . . . zuwiderhandelt.

Anlage 5.

Reichsgesetz betreffend die Inhaberpapiere mit Prämien vom 8. Juni 1871.

§ 1.

Auf den Inhaber lautende Schuldverschreibungen, in welchen allen Gläubigern oder einem Teile derselben außer der Zahlung der verschriebenen Geldsumme eine Prämie dergestalt zugesichert wird, daß durch Auslosung oder durch eine andere auf den Zufall gestellte Art der Ermittelung die zu prämiierenden Schuldverschreibungen und die Höhe der ihnen zufallenden Prämie bestimmt werden sollen (Inhaberpapiere mit Prämien), dürfen innerhalb des Deutschen Reichs nur auf Grund eines Reichsgesetzes und nur zum Zwecke der Anleihe eines Bundesstaats oder des Reichs ausgegeben werden.

§ 2.

Inhaberpapiere mit Prämien, welche nach Verkündigung des gegenwärtigen Gesetzes, der Bestimmung im § 1 zuwider, im Inlande ausgegeben sein möchten, im gleichen Inhaberpapiere mit Prämien, welche nach dem 30. April 1871 im Auslande ausgegeben sind, dürfen weder weiter begeben, noch an den Börsen, noch an anderen zum Verkehr mit Wertpapieren bestimmten Versammlungsorten zum Gegenstande eines Geschäfts oder einer Geschäftsvermittelung gemacht werden.

§ 3.

Dasselbe gilt vom 15. Juli 1871 ab von ausländischen Inhaberpapieren mit Prämien, deren Ausgabe vor dem 1. Mai 1871 erfolgt ist, sofern dieselben nicht abgestempelt sind (§§ 4, 5).

§ 4.

Die Schuldverschreibungen, deren Abstempelung erfolgen soll, müssen spätestens am 15. Juli 1871 zu diesem Zwecke eingereicht werden.

Für die Abstempelung ist eine Gebühr zu entrichten, welche für eine Schuldverschreibung, deren Nominalbetrag den Wert von einhundert Talern nicht übersteigt, 5 Sgr. oder 17½ Kr. S. W., für eine Schuldverschreibung, deren Nominalbetrag den Wert von einhundert Talern übersteigt, 10 Sgr. oder 35 Kr. S. W. (nunmehr 1 M. R.-W.) beträgt.

Der Ertrag dieser Abstempelungsgebühr fließt zur Reichskasse.

§ 5.

Der Bundesrat wird die zur Ausführung dieses Gesetzes erforderliche Instruktion erlassen und in derselben festsetzen, unter welchen Umständen ein gutgläubiger Inhaber, der aus entschuldbaren Gründen die Einreichungsfrist versäumt hat, noch nachträglich Abstempelung seiner Schuldverschreibungen verlangen kann. Der Bundesrat wird ferner zur Berechnung der Stempelabgabe den Talerwert der fremden Valuten feststellen, auch die Behörden bestimmen, bei welchen die Einrichtung zur Abstempelung (§ 4) zu erfolgen hat.

§ 6.

Wer den Bestimmungen der §§ 1, 2 oder 3 zuwiderhandelt, verfällt in eine Geldstrafe, welche dem fünften Teile des Nennwertes der den Gegenstand der Zuwiderhandlung bildenden Papieren gleichkommt, mindestens aber einhundert Taler betragen soll.

Mit Geldstrafe bis zu einhundert Talern oder Gefängnis bis zu drei Monaten wird bestraft, wer ein im § 2 oder § 3 bezeichnetes Inhaberpapier mit Prämie öffentlich ankündigt, ausbietet oder empfiehlt, oder zur Feststellung eines Kurswertes notiert.

Anlage 6.

Reichsstempelgesetz vom 15. Juli 1909.

§ 28.

Wer im Bundesgebiete Lotterien und Ausspielungen veranstalten will, hat die Stempelabgabe für die gesamte planmäßige Anzahl der Lose oder Ausweise über Spieleinlagen im voraus zu entrichten.

Inwieweit Ausspielungen, bei welchen keine Spielausweise ausgegeben werden, zur Steuer heranzuziehen sind, ist vom Bundesrat zu bestimmen und öffentlich bekannt zu machen.

§ 30.

Vor der Entrichtung der Abgabe darf ohne Genehmigung der zuständigen Steuerstelle mit dem Losabsatze nicht begonnen werden. Die Genehmigung kann von vorgängiger Sicherstellung der Abgabe abhängig gemacht werden.

§ 31 Abs. 1.

Wer ausländische Lose oder Ausweise über Spieleinlagen in das Bundesgebiet einführt oder daselbst empfängt, hat dieselben, bevor mit dem Betriebe begonnen wird, spätestens binnen drei Tagen nach dem

Tage der Einführung oder des Empfanges der zuständigen Behörde anzumelden und davon die Stempelabgabe zu entrichten.

§ 32.

Die Verpflichtung zur Entrichtung der Stempelabgabe wird erfüllt durch Zahlung des Abgabebetrags bei der zuständigen Behörde. Ob und in welcher Weise eine Verwendung von Stempelzeichen stattzufinden hat, bestimmt der Bundesrat.

§ 33.

Die Nichterfüllung der in den §§ 28, 29, 30 und 31 bezeichneten Verpflichtungen wird mit einer dem fünffachen Betrage der hintergangenen Abgabe gleichkommenden Geldstrafe geahndet. Dieselbe ist jedoch gegen den Unternehmer inländischer Lotterien oder Ausspielungen sowie gegen jeden, welcher den Vertrieb ausländischer Lose oder Ausweise über Ausspielungen im Bundesgebiete besorgt, nicht unter dem Betrage von zweihundertundfünfzig Mark festzusetzen.

Ist die Zahl der abgesetzten Lose oder die Gesamthöhe der Wetteinsätze nicht zu ermitteln, so tritt Geldstrafe von zweihundertundfünfzig bis fünftausend Mark ein.

§ 34.

Ein Anspruch auf Rückerstattung des eingezahlten Abgabebetrags ist ausgeschlossen; eine solche kann von der obersten Landesfinanzbehörde nur dann zugestanden werden, wenn eine beabsichtigte Ausspielung erweislich nicht zustande gekommen ist.

§ 35.

Die §§ 28 bis 34 leiden auf Staatslotterien deutscher Bundesstaaten keine Anwendung.

Die Stempelsteuer für die Lose der letzteren wird durch die Lotterieverwaltung eingezogen und in einer Summe für die Gesamtzahl der von ihr abgesetzten Lose zur Reichskasse abgeführt.

Eine Abstempelung der Lose findet nicht statt.

§ 36.

Öffentliche Ausspielungen, Verlosungen und Lotterien, für welche die Reichsstempelabgabe zu entrichten ist, unterliegen in den einzelnen Bundesstaaten keiner weiteren Stempelabgabe (Taxe, Sportel usw.).

§ 95.

Zuwiderhandlungen gegen die Vorschriften dieses Gesetzes oder gegen die zu dessen Ausführung erlassenen Vorschriften, die im Gesetze mit keiner besonderen Strafe belegt sind, ziehen eine Ordnungsstrafe bis zu einhundertfünfzig Mark nach sich.

Dieselbe Strafe tritt ein, wenn in den Fällen der §§ 2, 25, 33, 43, 51, 64, 69, 75 und 88 aus den Umständen sich ergibt, daß eine Steuerhinterziehung nicht hat verübt werden können oder nicht beabsichtigt worden ist.

Tarif.

Nr.	Gegenstand der Besteuerung	Steuersatz vom Hundert	Berechnung der Stempelabgabe
5.	**Lotterielose** Lose öffentlicher Lotterien sowie Ausweise über Spieleinlagen bei öffentlich veranstalteten Ausspielungen von Geld- und anderen Gewinnen a) inländische . . . . . b) ausländische .	 20 Mk. 25 Mk	bei inländischen Losen vom planmäßigen Preise (Nennwerte) sämtlicher Lose oder Ausweise mit Ausschluß des auf die Reichsstempelabgabe entfallenden Betrags; bei ausländischen Losen von dem Preise der einzelnen Lose in Abstufungen von 1 Mark für je 4 Mark oder einen Bruchteil des Betrags

Befreit sind:

Lose der von den zuständigen Behörden genehmigten Ausspielungen und Lotterien, sofern der Gesamtpreis der Lose einer Ausspielung die Summe von einhundert Mark und bei Ausspielungen zu ausschließlich mildtätigen Zwecken die Summe von fünfundzwanzigtausend Mark nicht übersteigt.

Anlage 7.

Reichsgesetz betreffend die Abzahlungsgeschäfte vom 16. Mai 1894.

§ 7.

Wer Lotterielose, Inhaberpapiere mit Prämien (Gesetz vom 8. Juni 1871 RGBl. S. 210) oder Bezugs- oder Anteilscheine auf solche Lose oder Inhaberpapiere gegen Teilzahlungen verkauft oder durch sonstige auf die gleichen Zwecke abzielende Verträge veräußert, wird mit Geldstrafe bis zu fünfhundert Mark bestraft.

Es begründet keinen Unterschied, ob die Übergabe des Papiers vor oder nach der Zahlung des Preises erfolgt.

§ 8.

Diese Bestimmungen dieses Gesetzes finden keine Anwendung, wenn der Empfänger der Ware als Kaufmann in das Handelsregister eingetragen ist.

Anlage 8.

Bürgerliches Gesetzbuch.

§ 762.

Durch Spiel oder durch Wette wird eine Verbindlichkeit nicht begründet. Das auf Grund des Spieles oder der Wette Geleistete kann nicht deshalb zurückgefordert werden, weil eine Verbindlichkeit nicht bestanden hat.

Diese Vorschriften gelten auch für eine Vereinbarung, durch die der verlierende Teil zum Zwecke der Erfüllung einer Spiel- oder einer Wettschuld dem gewinnenden Teile gegenüber eine Verbindlichkeit eingeht, insbesondere für ein Schuldanerkenntnis.

§ 763.

Ein Lotterievertrag oder ein Ausspielvertrag ist verbindlich, wenn die Lotterie oder die Ausspielung staatlich genehmigt ist. Anderenfalls finden die Vorschriften des § 762 Anwendung.

§ 134.

Ein Rechtsgeschäft, das gegen ein gesetzliches Verbot verstößt, ist nichtig, wenn sich nicht aus dem Gesetz ein anderes ergibt.

Alphabetisches Sachregister.

(Die Zahlen bedeuten die Seiten.)

A.

B.

FSC
www.fsc.org
MIX
Papier | Fördert gute Waldnutzung
FSC® C083411

Kolibri 360 GmbH
Ferdinand-Jühlke-Straße 7
99095 Erfurt, Deutschland
produktsicherheit@kolibri360.de